中外教育名著导读书系

韩愈、柳宗元教育名著导读

王凌皓　主　编
冯钰舒　管彩云　编　著

吉林文史出版社

图书在版编目（CIP）数据

韩愈、柳宗元教育名著导读 / 王凌皓主编 ； 冯钰舒，管彩云编著. —— 长春 ： 吉林文史出版社，2016.5（2025.9重印）
（中外教育名著导读书系 / 王凌皓 主编）
ISBN 978-7-5472-1668-2

Ⅰ. ①韩… Ⅱ. ①王… ②冯… ③管… Ⅲ. ①韩愈（768～824）－教育思想－研究②柳宗元（773～819）－教育思想－研究 Ⅳ. ①G40-092.42

中国版本图书馆CIP数据核字(2013)第177217号

韩愈、柳宗元教育名著导读

HANYULIUZONGYUAN JIAOYUMINGZHU DAODU

主编/王凌皓
编著/冯钰舒　管彩云
责任编辑/高冰若
封面设计/李岩冰　李宝印
印装/唐山富达印务有限公司
开本/720mm × 1000mm　1/16
字数/150千字
印张/7.75
版次/2016年5月第1版　2025年9月第7次印刷
出版发行/吉林文史出版社
地址/长春市福祉大路5788号
书号/ISBN 978-7-5472-1668-2
定价/49.80元

目　录

上卷　韩愈教育名著导读

下卷　柳宗元教育名著导读

上卷　韩愈教育名著导读

一　韩愈生平与主要教育活动

韩愈（公元768—824年），字退之，唐代河南南阳（今河南南阳；一说为河南河阳，即今河南孟县）人。韩氏先世曾居昌黎，韩愈依其祖籍自称昌黎人，后人亦称他韩昌黎。晚年官至吏部侍郎，后世因而称他为韩吏部。逝后谥曰“文”，后代又称他为韩文公。宋代苏轼称他为“文起八代之衰”，明代文化界推他为唐宋八大家之首，他与柳宗元并称“韩柳”，有“文章巨公”和“百代文宗”之美誉，是唐代著名的思想家、文学家和教育家。

（一）韩愈所处的时代

韩愈生活在“安史之乱”后的中唐时期，那时藩镇割据严重，社会政治状况混乱；佛教泛滥，道教盛行，作为封建社会精神支柱的儒家思想反而被削弱了；科举制度的弊端显现，世人皆依靠门第、门阀取得功名，耻学于师的社会风气盛行。从政治、经济、思想、文化等方面来说，唐王朝的统治开始动摇了。国家的多难，人生的不幸，并没有使韩愈意志消沉，反而造就了他敢于进取、勇于奋斗的人生品格。

韩愈一生经历代、德、顺、宪、穆五朝，恰逢“安史之乱”过后唐朝由盛转衰的历史转折时期。对于此时的社会状况，我们可以从两个方面来看：首先，与宋代重文轻武的政治结构不同，唐代崇尚武功，有重武轻文的传统。考察唐代的历史进程及其军政体制我们会发现，唐代从建立国家、以武力叛乱的方式夺取政权，再到抵御外敌进犯、武力对外扩张、维护国内统治，无一不依赖于军事力量，故武人在当时有着举足轻重的地位，相反，文士的地位则并不突出。其次，唐代军人政治的结果就是最终形成了武人跋扈、藩镇割据的混乱局面。经过“安史之乱”以后，社会经济遭到了沉重打击，民生困竭，田园荒秽，河南、山东一带竟至荆榛千里，荒芜人烟。尤为严重的是，安史旧部割据一隅，不申户口，不纳赋税，不接受中央政府委派的官员，俨然成为唐王朝的国中之国。唐王朝国势衰微，藩镇之间为争夺土地、人口，时相侵扰，战事屡起。地方势力越来越大，使封建王朝处于半瘫痪状态，强藩割据使中央在政治、军事、经济上都陷入了危机，成为社会最突出的问题。朝廷内宦官与各大臣之间矛盾尖锐，大臣之间又结成朋党，统治阶级日益腐化奢靡，朝廷人心开始涣散。封建王朝的各个方面都面临着忧患与希望并存的复杂局面。

面对这一状况，如何处置解决这些问题成为统治阶级施政的重中之重。韩愈主张加强中央君主集权，维护封建国家统一，消除藩镇割据势力。他在政治思想上强调君权，区分君臣名分，他认为：“君者，出令者也；臣者，行君之令而致之民者也。”他要求藩镇服从朝廷命令，不能犯上作乱。为此他曾参加了平定汴州和淮西叛乱的战斗，又曾奉诏安抚镇州，这都是他维护中央集权的实际行动。

（二）思想和学术主张

1. 提倡儒学，反对佛、道

在思想上，韩愈提倡儒学，反对佛教和道教，并以卫道者自居。他认为儒家的“道”有一个传承的过程，从尧开始，中经舜、禹、汤、文、武、周公、孔子，最后传至孟轲。孟轲死后，“儒道不复传矣”。汉代以来，佛教的传入，道教的兴起，更使儒道日益衰微。为了重振儒家的道统，韩愈极力抨击佛教和道教，尤其反对外来的佛教。他揭露了僧侣道士不事生产、游手好闲、白白消耗社会财富的事实，强烈要求采取强制性的措施，打击佛教，勒令僧众还俗，焚毁佛教经卷，没收寺院财产。韩愈的这些主张代表了世俗地主阶级的利益，在客观上符合中小地主阶级以及农、工、商等小生产者的利益与要求，因而具有积极意义。

2. 倡导古文运动，主张“文以载道”

在文化上，韩愈是古文运动的一员主将，并提出了“文以载道”的主张。所谓古文运动，即散文运动，唐代封建统治阶级为了适应政治经济变革的需要，为了宣扬儒学并反对佛教，要求改革齐梁以来四六排比的骈体文，提倡学习先秦两汉容易理解、便于说理的散文。韩愈领导了唐代中期的古文运动，他提倡以儒学作为古文的思想内容，革新文体，并写出了相当数量的优秀散文作品，他和同时代的柳宗元共同把古文运动推向高潮，使散体文终于取得压倒骈体文的胜利，从而使唐宋古文得到发展。

所谓“文以载道”，即提倡文章要以体现“道”为目的，“道”要通过文章来表现。表现形式固然重要，而思想内容更为重要。韩愈认为，古人的文章都是“文以载道”的，但魏晋以来却追求华丽的词藻，盛行对偶骈体文，空洞无物，无病呻吟，完全陷于形式主义。因此，他认为写文章必须要有思想内容，要言之有物，反对形式主义。他主张学习古人文章的目的在于学习古道，这一主张对当时的文史教学是有积极意义的，对教育的发展产生了深刻的影响。

（三）成长经历及教育活动

韩愈以上的这些思想和学术主张都与其成长经历及教育活动相互交错，并影响着他的教育活动。

1.“自知读书”，“科举及第”

韩愈出身于一个世代官僚的封建地主家庭，“七世祖茂，有功于后魏，封安定王。父仲卿，为武昌令，有美政，既去，县人刻石颂德，终秘书郎”[1]。兄长韩会，“善清言，有文章，名最高，然以故多谤”[2]，官至起居舍人，后贬为韶州刺史。

韩愈幼年处境艰难，“三岁而孤，随伯兄会贬官岭表。会卒，嫂郑鞠之”[3]。他在《祭郑夫人文》中回忆说：“我生不辰，三岁而孤。蒙幼未知，鞠我者兄。在死而生，实维嫂恩。”[4]

在兄嫂的抚育下，“愈自知读书，日记数千百言。比长，尽能通六经百家学”[5]。他曾拜窦牟为师，其师循循善诱的教导，使韩愈如沐春风。由于韩愈勤奋自学，贞元八年（公元792年）他二十五岁时，考取进士。然而，按照当时的制度，成为进士的人，只是取得了参与选官的资格，要想由中央政府实际派任官职，还需要通过吏部的考试。为了进一步实现目标，韩愈从二十六岁开始，连续三次参

[1] 韩愈．韩昌黎集·朱子校昌黎先生集传[M]．北京：商务印书馆，民国二十二年版．

[2] 柳宗元．柳河东集·表·先君石表阴先友记[M]．北京：商务印书馆，1958．88．

[3] 韩愈．韩昌黎集·朱子校昌黎先生集传[M]．北京：商务印书馆，民国二十二年版．

[4] 韩愈．韩昌黎集·祭郑夫人文[M]．北京：商务印书馆，民国二十二年版．

[5] 韩愈．韩昌黎集·朱子校昌黎先生集传[M]．北京：商务印书馆，民国二十二年版．

加吏部“博学宏词”考试，均未获选。所以他说“三选于吏部卒无成”[1]。

2. 担任博士，提倡师道

贞元十八年（公元802年）韩愈三十五岁时，曾由节度使张建封推荐，最初做推官，后调任四门博士。他在任四门博士时，曾请求恢复国子监的生徒，明确提出学校的任务是训练官吏，通过培养合格的官吏去推行德教，治理国家。韩愈身为学官，在从学者渐多的情况下，积极向考官推荐优秀的考生，并且非常爱惜人才。他在知识界提倡师道，打破习俗偏见，尤为可贵的是，他在官学衰落、社会上普遍存在耻学于师的风气下，积极教诲后生，带头收授弟子，并公开阐明自己的主张，写了《师说》一文，赠送给弟子李蟠，成为轰动一时的重要教育论著。韩愈这种不顾嘲骂、勇为人师、热衷于教师工作的精神，是值得后人学习的。韩愈因此受到青年敬仰，门下弟子甚多。

3. 被贬阳山，恢复地方学校

贞元十九年（公元803年），韩愈迁任监察御史。当时政治腐败的现实，引起他的关注。超越于法律的宫室，几乎无偿地掠夺人民的劳动成果，这种政治上的弊端影响是极其深远的。关中旱灾严重，虽有减免租税的命令，而官吏仍然没有停止征敛，使百姓家破人亡，四处流散。面对此种状况，韩愈从维护唐王朝的长远利益出发，上疏建议废除宫室，宽徭役，免田租。然而韩愈此举却得罪了权臣，不仅意见未被采纳，而且于贞元二十年（公元804年）被贬为连州阳山令。虽遭到贬官的打击，韩愈却没有从此一蹶不振，相反，他非常重视阳山县的地方教育工作。他早在贞元十五年时就写过《子产不毁乡校颂》一文，不仅歌颂历史上郑国子产保存乡校的事迹，而且主张学习郑子产，吸取他提供的“既乡校不毁，而郑国以理”[2]的历史经验，其现实意义是要求重视恢复地方学校。

[1] 韩愈．韩昌黎集·上宰相书[M]．北京：商务印书馆，民国二十二年版．

[2] 韩愈．韩昌黎全集（上）[M]．北京：北京燕山出版社，2009．352．

唐代在贞观、开元年代，地方学校有相当的发展，后来由于政治方面的原因，地方学校转趋衰落。韩愈认为要使礼教遍及乡里，仅依靠中央的官学是远远不够的，还要依靠数量更多的地方学校。所以韩愈在做阳山令时，看到阳山经济、文化落后，就积极进行改革，致使许多青年慕名至阳山游学，"今乃乘不测之舟，入无人之地，以相从问文章为事"[1]。同时，他注意保护百姓的利益，"政有惠于下，及公去，百姓多以公之姓以命其子"[2]。正因如此，百姓们以这种特殊的方式，来表达对这位父母官的怀念之情。

4. 再为博士，写作《进学解》

元和初年（公元806年）和元和七年（公元812年），韩愈先后两次做国子博士。在任国子博士时，韩愈曾写作了《进学解》，以师生问答的形式，在自我解嘲之中，夸述自己的学业行事，批评当政者用人不当，埋没人才。

5. 被贬潮州，恢复州学

元和十四年（公元819年），迷信佛教的唐宪宗为了祈福，派遣太监率领众僧从凤翔迎佛骨到京师，受其影响，贵族官僚和市民竞相效仿，奔走膜拜，使宗教狂热情绪一度高涨。据《资治通鉴》等正史记载："王公士民瞻奉舍施，惟恐弗及，有竭产充施者，有燃香臂顶供养者。"[3]韩愈站在捍卫儒道的立场上，对此极为愤慨，坚决反对佛教的蔓延，写了著名的《论佛骨表》，极力谏阻，并且列举佛教祸国殃民、伤风败俗的诸多罪状，要求将佛骨"付之有司，投诸水火"，并说"佛如有灵，能作祸祟，凡有殃咎，宜加臣身，上天鉴临，臣不怨悔"[4]。然而，因韩愈言词尖锐，导致龙颜震怒，欲将其处以死罪，后经大臣亲

[1] 韩愈. 韩昌黎集·答寄秀才书[M]. 北京：商务印书馆，民国二十二年版.

[2] 李翱. 韩愈全集校注·正义大夫尚书吏部侍郎上柱国赠礼部尚书韩公行状（第五册）[M]. 成都：四川大学出版社，1996. 3093.

[3] 司马光. 资治通鉴·卷二百四十·唐纪五十六[M]. 北京：中华书局，2010. 7758.

[4] [清]张伯行. 唐宋八大家文钞·论佛骨表[M]. 北京：中华书局，2010. 5.

贵说情，遂被贬为潮州刺史。作为积极提倡地方官学的韩愈，在出任潮州刺史的时候，面对远离中心地区的州学荒废日久，礼教未行，造成“闾里后生，无所从学”的局面，认为自己有责任扭转这种状况，于是他凭借州刺史的权力，下令恢复州学。为了解决学官的人选问题，他亲自在当地四处寻访，请出进士赵德为州学领导，负责督导生徒。州学一时没有教育经费，他带头捐出自己的部分官俸充当经费，并号召其他人也来资助。潮州州学在韩愈的重视和支持下复兴，在他奠定的基础上发展，从此相承不废。宋苏轼说：“始潮人未知学，公命进士赵德为之师。自是潮之士，皆笃于文行，延及齐民，至于今，号称易治。”[1]这说明，潮州州学的复兴，促进了该地区文化的发展；礼教的推广，对维护封建秩序起了重要的作用。

6. 征为国子祭酒，整顿国学

唐穆宗即位后（长庆元年，公元821年），韩愈奉召回京，征为国子祭酒。韩愈在任国子祭酒时，亲自主持京都最高学府——国子监。他在国子监下设国子学、太学、四门学、书学、律学、算学和弘文馆。他主张严选教官，坚持每日会讲的制度，积极整顿国学。实行了诸项改革：一是改革招生制度，放宽入学的等级限制。太学要求八品以上子弟即可入学，四门学也适当放宽要求，无资荫者只要有艺能也可入学，而工商子弟不得贿买入学。这既保留了官僚贵族的教育特权，也吸引了更多下层官僚子弟参政。二是以艺能为标准遴选学官。韩愈注意选拔人才，认为“千里马”总是有的，关键在于选拔那些有真才实学的儒生当学官，让他们与诸生一道研究儒家学说，教育诸生。还要求教师要德才兼备，精通经史文典，但不计较其资历。三是端正学风。当时学官多为豪族子弟，好以门第和外表论人，而韩愈则不然。曾有这样一段故事：“有直讲能说礼，而陋于容，学官多豪族子，摈之不得共食。公命吏曰：‘召直讲来与祭酒共食。’学官由此不

[1] 苏轼．韩昌黎集·潮州韩文公庙碑[M]．北京：商务印书馆，民国二十二年版．

敢贱直讲。”[1]韩愈以身作则，建立良好的学风，同时积极推荐那些有学问、出身寒微、不善交友的教师，由此树立起以道德学问为尚的学风。同时韩愈要求学生尊重师长，勤奋学习，形成了严肃、活泼、朴实、勤奋的学习风气。这些举措使国子监恢复了生气，成为名副其实的最高学府，为唐王朝培养了众多优秀的人才，这是值得后人嘉许和赞佩的。

韩愈学识渊博，教学认真，讲授耐心，讲课生动，深入浅出，内容丰富，博古通今，深得学生们的欢迎和爱戴。他的学生皇甫湜在《韩文公墓志铭》中称赞说："讲评孜孜，以讲诸生，恐不完善，游以恢笑啸歌，使皆醉义忘归。”[2]说明他的教学很能打动人心，具有很高的教学艺术。由于他诚恳讲导，所以深得同学的信赖。凡经他指教过的学生，皆以韩门弟子自称。韩愈除亲自讲学外，还经常与六个学馆的博士教官接触，交流教学经验和情况，提出教学的要求。同时他还批判科举制度的弊端，提出了一些很有价值的教育主张，是唐代一个很有影响的教育家。

长庆元年（公元821年），韩愈任兵部侍郎。次年，又转任吏部侍郎、京兆尹兼御史大夫。卒于长庆四年（公元824年），终年五十七岁。

韩愈自青年至老年，数十年间论文诗赋甚多，他的著作由其女婿李汉收集整理，“得赋四，古诗二百一十，联句十一，律诗一百六十，杂著六十五，书启序九十六，哀词祭文三十九，碑志七十六，笔砚鳄鱼文三，表状五十二，总七百，并目录合为四十卷，曰为《昌黎先生集》，传于代。又有《注论语》十卷传学者，《顺宗实录》五卷，列于史书，不在集中”[3]。后人又汇集其他遗文，编为外集，附于《昌黎先生集》之后，总称《韩昌黎集》。

---

[1] 李翱．韩愈全集校注·正义大夫尚书吏部侍郎上柱国赠礼部尚书韩公行状（第五册）[M]．成都：四川大学出版社，1996．3095．

[2] 皇甫湜．中华再造善本·皇甫持正文集（唐宋，集部）[M]．北京：北京图书馆，2003．

[3] 李汉．韩昌黎集序[M]．北京：商务印书馆，民国二十二年版．

二　韩愈教育名著导读

名著之一:《原性》

(一)名著概览

1.《原性》的问世

贞元二十一年,韩愈从阳山调往郴州待命期间,对社会的基本理论问题进行了积极的思考,整理了自己的思想,完成了五篇以"原"字为题名的论文,分别是《原道》《原性》《原毁》《原人》《原鬼》,称为"五原"。"五原"的主旨是阐述和发挥儒家的基本思想。"五原"的写作,奠定了韩愈在儒学上的坚实地位,他不仅继承了儒家先贤的理论,并在此基础上融入了自己的思考和独到的见解,是韩愈新儒学思想形成的重要标志。《原性》是"五原"之一,是一篇阐发人性问题的文章,集中论述了他的"性三品说"。人性问题是中国历代哲学家最为关注的一个核心问题,也是韩愈教育思想的理论基础。

韩愈所处的时代,佛教和道教已经达到鼎盛,佛教和道教的繁荣对儒学造成了强大的威胁,冲击着儒学的权威地位,韩愈作为儒学复兴的中坚力量,提出排抑佛道的主张。韩愈排抑佛教和道教的主张是全面的,不仅仅停留在其"迹"上,而且开始深入到"理"上。他分析了佛教和道教在社会政治、经济等层面的破坏作用，批判由佛教和道教的滋生而造成的逃避赋税徭役、阻碍经济发展、破坏纲常伦理等现象，更重要的是他意识到，儒学如果要与佛教和道教相抗衡，还需要在理论上超越它们。

隋唐时期，对人性问题的探讨已经成为新的哲学主题。佛教和道教都有自己的人性论思想，如佛教宣扬世人皆有佛性，人人可以见性成佛；道教宣扬世人皆有道性，每个人都可以通过自我修炼，得道成仙。这些理论成为众生学佛或修道的根本依据，形成了儒门单薄、皆归佛道的局面。为了与佛教和道教相抗衡，应对佛教和道教在人性思想上的挑战，韩愈对人性问题进行了深入的思考，并尝试着开拓儒家人性理论的新思路，提出了自己的人性论思想，即"性三品说"，从理论上论证了儒家礼法制度的必要性和合理性，证明了封建伦理和等级秩序乃天经地义、不容侵犯的真理，为其所宣扬的儒家仁义之道开辟了一条基于现实的出路。

2. 主题宗旨

中国古代的教育家大都从人性论的角度出发，肯定教育在改变人性、促进人性发展方面所起的重要作用。韩愈的人性理论也是韩愈教育思想的理论基础，可以说任何教育观点的提出都与教育家对人性的假说和看法有关。美国教育心理学家桑代克就曾经说过，教育研究者的一项重要职责，就是提供改造人类个体的科学知识，即揭示人的个体在未受教育之前的"本性"如何，通过教育，"本性"怎样变化，人的个别差异如何形成，等等。

3. 篇章结构

韩愈在《原性》中提出了他的"性三品说"。他总结了古代教育家对人性的看法，如孟子提出性善论，荀子提出性恶论，扬雄主张性善恶相混论，认为这些人对人性的看法都是片面的，他们都只讲一点而不及其余。

韩愈认为人是受命于天的，人性也是秉天命而成，"性也者，与生俱生也”，并且他说：“性之品有三”，“上焉者善焉而已矣，中焉者可导而上下也，下焉者恶焉而已矣”。可见，韩愈将人之性分上、中、下三个品级。上品人之性天生是善的，中品人之性可诱导之为善或是为恶，下品人之性始终是恶的。同时，韩愈认为人性有仁、义、礼、智、信五个方面的内容，根据人性的品级不同，相应的具有不同的内容。

与其他教育家不同的是，韩愈没有将人性拘泥在“性”这个方面，而是加入了“情”这一要素。他认为，性是与生俱来的，而情是后天习染的。他说：“性也者与生俱生也，情也者接于物而生也。”并认为性与情两者是相互联系的，“性之于情视其品”，“情之于性视其品”，有什么样的性，就有什么样的情。韩愈认为，情有喜、怒、哀、惧、爱、恶、欲七个方面的内容，并认为上、中、下三品的人性相应具有上、中、下三个等级的情，认为上品的人产生的七种情感无不合于中庸之道，中品的人产生的七种情感虽有过与不及，但自知随时求合于中庸之道，而下品的人却纵情所为，漫无节制。

韩愈从人性三品的理论出发，一方面说明了在人性中固有的性和接于物而生的情之间的矛盾统一，号召人们追求善行，遵从封建的道德规范，顺性而克情，正确处理性与情的关系。另一方面，论述了属于中品之性的社会大多数人，在顺性克情、以求善行的过程中，需要接受以仁、义、礼、智、信为中心内容的封建教育。但韩愈又认为，教育只能在已定的人性品位内发生作用，而无法改变这种等级差别，这是韩愈理论的不足之处。

（二）《原性》教育章句导读

1. 人性论溯源

人是教育的对象，因此，任何一个教育家都必然要涉及对人性的看法及教育在人的发展中的作用问题。在中国历史上，人性论是重要的理论问题，为历代的思想家所重视。自先秦的孔子、孟子和荀子，经汉代的扬雄、董仲舒，唐代的韩愈、李翱，到两宋的程颐、程颢、朱熹和王阳明，他们共同创立了儒学唯心主义的“人性论”体系，究其实质，都是从维护统治阶级伦常关系出发，而又服务于封建地主阶级的统治。

韩愈在此文中有这样一段论述：

孟子之言性曰：人之性善。荀子之言性曰：人之性恶。扬子之言性曰：人之性善恶混。夫始善而进恶，与始恶而进善，与始也混而今也善恶，皆举其中而遗其上下者也，得其一而失其二者也。[1]

这段话提到了孟子的性善论、荀子的性恶论和扬雄的性善恶相混论。韩愈的“性三品说”就是在对他们继承、批判与发展中得来的，这些理论最先起源于孔子。

（1）孔子“性相近也，习相远也”

早在先秦时期，孔子就提出了人性说，在当时是影响最大、最具有权威性的。他在《论语·阳货》中提出“性相近也，习相远也”的命题，揭开了古代探讨人性理论的序幕，也为各种各样的人性学说的形成奠定了基础。所谓“性相近也”，意思是说人的天赋素质或人的自然本性并无太大差别；所谓“习相远也”，是说人的后天素质或人的社会本性因为后天学习的原因而相距渐远，形成了较大差异。这句话讲得非常有道理。然而孔子又云：“唯上知与下愚不移”[2]，意思是说，对于人的天赋本性来说，只有上等的智者和下等的愚人不能改变。这话不但与“性相近也，习相远也”的命题相矛盾，也暴露了他站在统治阶级立场上论述人性的实质。何晏、黄侃在《论语集解义疏》（卷九）里对孔子

[1] 韩愈教育名著导读部分所有原文均出自韩愈．韩昌黎集[M]．北京：商务印书馆，民国二十二年版．

[2] 陈晓芬译注．论语·阳货[M]．北京：中华书局，2010．208．

关于人性问题的看法做了一些说明："若大而言之，且分为三，上分是圣，下分是愚，愚人以上，圣人以下，其中阶品不同。"在他们看来，孔子已经把人性分为三类：上等为圣人之性，下等为愚人之性，介于两者之间的则为中人之性。可见何晏、黄侃的解释是比较符合孔子的意愿的。正如孔子在《论语·季氏》篇里提到的："生而知之者上也，学而知之者次也；困而学之，又其次也；困而不学，民斯为下矣。"在这里他按"知"的层次把人分成上、中、下三等，这里虽然不是直指人性，但与人性有关，因为学习的好坏与人性有着不可分割的联系。而且孔子在《论语·雍也》篇里指出："中人以上，可以语上也；中人以下，不可以语上也。"由此可知：孔子已经把人性分为三类：上智、下愚、上智和下愚之间的中人。

孔子以后，言性者渐多。比如孟子提出了"性善论"，荀子提出了"性恶论"，扬雄认为人性善恶相混。

(2)孟子"人性之善也，犹水之就下也"

孟子的性善论是他"仁政"学说的理论基础。性善说认为，"人性之善也，犹水之就下也。人无有不善，水无有不下。"[1]认为人性天生就是善的，人先天就具有仁、义、礼、智等善端。此即孟子所说："恻隐之心，仁之端也；羞恶之心，义之端也；辞让之心，礼之端也；是非之心，智之端也。"[2]这"四端"人生来都有，他说："恻隐之心，人皆有之；羞恶之心，人皆有之；辞让之心，人皆有之；是非之心，人皆有之。"[3]如果扩而充之，就会产生仁、义、礼、智四种品质，并认为后天的教育和个人的主观努力在把"善端"发展成为仁、义、礼、智的品质的过程中起了关键的作用，因为"善端"只是提供了一种发展善的可能性，教育与人的主观积极努力才使之具有现实性与必然性。

(3)荀子"人之性恶，其善者伪也"

[1] 方勇译注.孟子·告子上[M].北京：中华书局，2010.214.

[2] 方勇译注.孟子·公孙丑上[M].北京：中华书局，2010.59.

[3] 方勇译注.孟子·告子上[M].北京：中华书局，2010.218.

荀子则针锋相对地提出“人之性恶，其善者伪也”[1]的命题，认为“本始材朴”的人性是恶的，不可能有恻隐、羞恶、辞让、是非这四种“善端”，同时，荀子认为：“今人之性，生而有好利焉，顺是，故争夺生而辞让亡焉；生而有疾恶焉，顺是，故残贼生而忠信亡焉；生而有耳目之欲，有好声色焉，顺是，故淫乱生而礼义文理亡焉。然则从人之性，顺人之情，必出于争夺，合于犯分乱理而归于暴。故必将有师法之化，礼义之道，然后出于辞让，合于文理，而归于治。”[2]人具有好利、疾恶、耳目之欲等本性，只有依靠师法、礼义之道，“化性起伪”，通过后天环境影响与教育来改变人性，才能使人由恶变善。

（4）扬雄“人之性也善恶混”

扬雄对人性的看法既不同于孟子的“性善”，也不同于荀子的“性恶”，他继承发展了战国时“有性善，有性不善”的学说，提出“人之性也善恶混”[3]的命题。扬雄认为，人的天赋中有好的因素“善”，也有不好的因素“恶”，对于人性来说，他们都不是决定的因素，也不是一成不变的东西。人是“可铸”的，决定其变化的根本因素是教育。正如扬雄说：“修其善则为善人，修其恶则为恶人。”[4]人的本性要经过后天的学习和自我修养才能转换为现实。人如果放弃学习，拒绝社会文明，就会顺情纵欲，堕落为禽兽，这自然没有什么善可言。

韩愈综合考察了以上三者的人性论，认为孟轲的性善论、荀况的性恶论、扬雄的性善恶相混论都各有所得失，批判了他们的片面性。

故曰三子之言性也，举其中而遗其上下者也，得其一而失其二者也。

（5）韩愈驳孟、荀人性论：“得其一而失其二”

孟子与荀子都是“得其一而失其二”，只论述了人性中的一个方面，而没有

[1] 方勇，李波译注．荀子·性恶[M]．北京：中华书局，2010．375．
[2] 方勇，李波译注．荀子·性恶[M]．北京：中华书局，2010．375．
[3] 季国泰．〈扬子发言〉今读·修身[M]．成都：巴蜀书社，2010．56．
[4] 季国泰．〈扬子发言〉今读·修身[M]．成都：巴蜀书社，2010．56．

看到另一面。他说：

叔鱼之生也，其母视之，知其必以贿死。杨食我之生也，叔向之母闻其号也，知必灭其宗。越椒之生也，子文以为大戚，知若敖氏之鬼不食也。人之性果善乎？后稷之生也，其母无灾，其始匍匐也，则岐岐（qí）然、嶷嶷（nì）然。文王之在母也，母不忧；既生也，傅不勤；既学也，师不烦。人之性果恶乎？

叔鱼生下来时，他的母亲看了他后说，他必会因为受贿而死；杨食我生下来时，他奶奶听见他的哭声后说，他会使我们的宗族灭亡；越椒生下来时，其伯父大悲，知其必使他们氏族没有人来祭祀：人性果真是善的吗？韩愈用这三人出生时的情形来证明人性并不是生而皆善的，以此来反驳孟子性善之说；后稷出生时，他的母亲很平安，开始爬行时就能站起来，看起来很强壮；文王在母亲腹中时，他的母亲并不担忧，出生后，保姆不劳苦，上学后老师不烦劳：人性果真是恶的吗？韩愈以后稷及文王出生与幼年时的情形，来证明人性并不是生而必恶，从而反驳荀子性恶之说。

（6）韩愈驳扬雄人性论："举其中而遗其上下"

扬雄只肯定了人性善恶相混，而没有指出有一部分人的人性是绝对善的或绝对恶的，他的理论不完善，需要修正与补充。韩愈说：

尧之朱，舜之均，文王之管、蔡，习非不善也，而卒为奸；瞽（gǔ）叟之舜，鲧（gǔn）之禹，习非不恶也，而卒为圣。人之性善恶果混乎？

韩愈列举尧的儿子丹朱，舜的儿子商均，文王的儿子管叔鲜、蔡叔度，他们习染并非不善而最后成为邪恶的人；列举瞽叟的儿子舜，鲧的儿子禹，他们习染并非不恶而终成圣人，来证明人性并不是善恶混，以反驳扬雄人性是善恶混的主张。所以孟子、荀子和扬雄三个人言人性善只是就上品者来说，言人性恶只是就下品者来说，言人性善恶混只是就中品者来说，都是只列举了其中一类人而遗漏了其上或其下的两类人。

(7)董仲舒性三品说

从上面的说法来看,实际上,韩愈是将人性分为了三个品级。历史上最早正式提出性三品说的人可以追溯到汉代的董仲舒。他在《春秋繁露·实性》里说:“圣人之性不可以名性,斗筲之性又不可以名性,名性者,中民之性。中民之性如茧如卵。卵待覆二十日而后能为雏,茧待缫以涫汤而后能为丝,性待渐于教训而后能为善。善,教训之所然也,非质朴之所能至也,故不谓性。”[1]董仲舒将人性分为“圣人之性”“中民之性”“斗筲之性”,提出性三品说来论证君在上、臣在中、民在下的封建等级制度的合理性。董仲舒所说的“圣人”,同于孔子所说的“上智”;他所说的“斗筲”,相当于孔子说的“下愚”;他说的“中民”,则与孔子所说的“中人”相同。他所谓“教训”,可视为孔子所说的“习”“学”。词异而义似。故我们说从孔子言性开始到董仲舒的性三品,形成了人性论发展的一条线索。

因此,从上述分析看,韩愈的人性说当是承秦汉之前,启两宋之后,是其中的关节点。韩愈批判地继承了孔子、孟子、荀子和扬雄的人性论,发扬了董仲舒的人性说,形成了自己的性三品说。所有这些,都成为韩愈的思想理论遗产。韩愈依据他的性三品说,不认为人一概性善,或一概性恶,或一概性善恶混,而是认为有的人性善,有的人性恶,有的人兼有善恶而可善可恶。然而,与以往学者人性论的不同之处在于,韩愈提出了“情”这一概念,他把性与情结合起来,比以往的人性论说得更细致。韩愈认为人有各种情感欲望,他反对任情纵欲,也反对绝情禁欲,而主张遵照封建伦理道德的基本原则来控制情欲,使人的情感行为表现适“中”,合乎基本原则。

[1] 董仲舒. 春秋繁露·实性[M]. 郑州: 中州古籍出版社, 2010. 120.

2. 性三品说

在《原性》开篇第一段，韩愈就阐述了他的人性论思想，提出了性与情两个概念：

性也者，与生俱生也；情也者，接于物而生也。性之品有三，而其所以为性者五；情之品有三，而其所以为情者七。曰：何也？曰：性之品有上中下三。上焉者，善焉而已矣；中焉者，可导而上下也；下焉者，恶焉而已矣。其所以为性者五：曰仁，曰礼，曰信，曰义，曰智。上焉者之于五也，主于一而行于四；中焉者之于五也，一不少有焉，则少反焉，其于四也混；下焉者之于五也，反于一而悖于四。性之于情视其品。情之品有上中下三，其所以为情者七：曰喜，曰怒，曰哀，曰惧，曰爱，曰恶，曰欲。上焉者之于七也，动而处其中；中焉者之于七也，有所甚，有所亡，然而求合其中者也；下焉者之于七也，亡与甚，直情而行者也。情之于性视其品。

如前所述，韩愈在人性论问题上最重要的特点是把性与情并提，并且以性为情的基础。这一思想源于《礼记·乐记》中"人生而静，天之性也；感于物而动，性之欲也"[1]一句。韩愈继承过来，以性为内，以情为外，他说："性也者，与生俱生也；情也者，接于物而生也。"人由天命而生，人性也由天命而成，认为情是人们接触到外界事物，受到刺激而产生的内心反应。

继而，韩愈把性与情都分为三个等级，他说："性之品有三，而其所以为性者五；情之品有三，而其所以为情者七。"人性有三个品级并且包含五个道德内容；情也同样有三个品级，包含七项内容。

(1)人性三品

从人性的这个角度来看，人性的三个等级和人性具有的五项道德内容，都是受之于天命，与生俱来的。那么人性的三品是什么呢？韩愈说："性之品有上中下三。上焉者，善焉而已矣；中焉者，可导而上下也；下焉者，恶焉而已矣。"就

[1] 王文锦．礼记译解（下）[M]．北京：中华书局，2001．529．

是说，人之性有上、中、下三个品级。上品人之性天生是善的，中品人之性可诱导之为善或为恶，下品人之性始终是归于恶的。

人性的五项道德内容又是什么呢？他说：“其所以为性者五：曰仁、曰礼、曰信、曰义、曰智。”仁、礼、信、义、智乃是人生来所具有的五种道德内容。那么，人性的三个品级与五项道德内容之间的关系又是什么呢？韩愈认为，人性的品级不同，所具有的道德内容在多寡上也是不同的，这也就决定了为什么有的人性是上品，有的人性是中品，而有的人性却是下品。韩愈说：“上焉者之于五也，主于一而行于四；中焉者之于五也，一不少有焉，则少反焉，其于四也混；下焉者之于五也，反于一而悖于四。”就是说，上品人只要是五种道德内容中有其主要的一种，则其他四种也相应地同时具备。中品人在五种道德内容中，某一种或偏多偏少，而其他四种也杂而不纯。至于下品人在五种道德内容中，某一种偶尔得到一点善的因素，其他四种都违背了善性。在这里，韩愈把孟子的人生来本性中具有仁、义、礼、智四种“善端”，发展为人生来本性中具有仁、义、礼、智、信五种善的道德内容，并且他认为这五项内容的多少成为决定人所处的品级的主要因素。

（2）情三品

韩愈说：“情之品有上中下三，其所以为情者七：曰喜、曰怒、曰哀、曰惧、曰爱、曰恶、曰欲。”就是说，情与性一样都是有品级的，它同样分为上、中、下三个品级，也有其自己的内容，即喜、怒、哀、惧、爱、恶和欲七情。情的三个品级同样的也是由于其所包含的内容上的差异而不同。韩愈说：“上焉者之于七也，动而处其中；中焉者之于七也，有所甚，有所亡，然而求合其中者也；下焉者之于七也，亡与甚，直情而行者也。”虽然情是人皆有之，但品级之间有所不同。上品之情指七种情感全部都符合中庸之道，中品之情意味着七种情感虽然有的多有的少，但自知随时求合于中庸之道，而下品之情却纵情所为，漫无节制。

在这里，他把性与情明确地区别开来，分别阐述了性三品及其对应的内容和三品的划分，以及情三品及其相对应的内容和三品的划分，这是对儒家人性论的一个发展，在中国古代人性论发展史上具有重大意义。

(3) 性情三品

韩愈不仅把人之性与情区别开来，同时又将两者联系起来。他说："性之于情视其品"，"情之于性视其品"。就是说，性之品与情之品是相互联系的，两者的倾向是完全一致的。性之品有三，情之品也有上、中、下三个等级与之相对应。性的具体内容是仁、义、礼、智、信等五种道德，情的具体表现是喜、怒、哀、惧、爱、恶、欲等七情。上品的性是善的，以仁德为主，但也通于其他四德，相应地必产生上品的情，"动而处其中"，举止都符合仁、义、礼、智、信的道德规范，都符合中庸之道；中品的性既可能善，也可能恶，在社会生活中的表现则是，对于仁德有所不足或有所违背，其余四德也并非全部都拥有，即使有也不完全纯粹，中品的性也必然相应地产生中品的情，中品的情的产生，"有所甚，有所亡，然而求合其中"，虽然有的多或有的少，但是也合乎道德规范的要求；下品的性是恶的，对于仁德善性是违反的，其余四德也不符合善性的要求，下品的性必然相应地产生下品的情，下品的情的产生，"亡与甚，直情而行"，都不符合道德的规范。

以上就是韩愈性三品说的全部内容，他提出了性与情对应统一的理论，使后世理学家也沿着这个方向讨论性情问题。

3. 性三品说与教育的关系

韩愈在《原性》的结尾处写到人性与教育的关系，他说：

然则性之上下者，其终不可移乎？曰：上之性，就学而愈明；下之性，畏威而寡罪。是故上者可教，而下者可制也，其品则孔子谓不移也。

从这两句简单的论述中，我们就可以看出韩愈对人性与教育关系的看法主要有以下三点：

(1)人性决定教育作用的大小

由于人性先天就存在着等级的差别，这种差别又是不能改变的，因此，教育只能在这种等级差别之内发挥作用，决不可能改变这种等级差别。也就是说，教育虽然有重要的作用，但不是决定性的。所以，对于不同品级的人性，教育所起的作用是不尽一致的。韩愈说："上之性就学而愈明，下之性畏威而寡罪；是故上者可教，而下者可制也。"这就是说，无论是上品人之性，还是下品人之性，在品位之内，都不是静止不移的，都是可以因外界的条件而起变化的。只是移易之道不同，即移易的方法与所取得的效果不同而已。这就说明虽然人性存在等级的差别，但教育却可以针对不同的人性发挥不同的作用。说得更明确一些，教育的作用只是让各品位的人通过教育的改造向各品位中的上层次无限度靠拢，但终究不能冲破品位的限制。

韩愈说"上之性就学而愈明"，对上品的人来说，学习和教育能使其先天具有的仁、义、礼、智、信五种道德善性得到发扬，学习与教育不仅是需要的，而且是行之有效的。它可以使君为圣君，臣为忠臣，使他们都具有知识才能来管理国家和人民，言行举止都符合封建道德准则。对中品的人来说 ，由于他们所具有的五种道德品质杂而不纯，这就决定了他们可能成为善人，也可能成为恶人，因此教育在改造这部分人的人性中起着关键性的作用，所以学习与教育对于中品人来说，是非常必要的，它在中品人的发展中有着极其重要的作用。封建统治者应积极地教育改造这部分人，使之向上品的人靠拢。"下之性畏威而寡罪"，下品的人，是低贱的，他们的人性反复无常，气质太坏，情欲龌龊而不能节制，行为举动总是违反封建道德标准，他们不会接受教育，只会害怕刑罚，因此统治者就应当用刑罚去对付那些下品之人，使他们认识到刑罚的可怕，不敢任情而行，避免罪过，以此来维护封建社会的秩序。所以对下品的人来说，刑罚起着重要的作用，而不是教育。但从另一个角度来讲，下品的人既然能因为畏惧刑罚而避免犯罪，他们就不是绝对不可改造的。如果能够将希望寄托在教化上，来改善下品人的“恶性”的话，那是再好不过的了，如果没有教化改造的希望，再通过刑威来惩治他们，也可以弥补教育的不足。所以，教育对下品人的“恶性”，仍具有一定的改造作用。

(2)人性品级限制受教育的权利

人性有不同的等级，对不同等级的人来说，教育起着不同的作用，所以韩愈认为教育的实施只需在一定范围之内，没有必要遍及每一个人。他说：“上者可教，而下者可制也。”从理论来看，一小部分下品人是可以通过教育改造的，但从资源分配与利用的效果的角度来讲，与其将同样的教育资源分给再怎么改造也是下品级的人，不如将有用的教育资源提供给更具有改造希望的上品人和中品人，而这两部分人在韩愈看来主要是指以统治者和臣子为主的统治阶级，所以韩愈认为只有封建统治阶级才有享受学校教育的权利，而对被统治阶级则实行专制，剥夺他们的受教育权利。由此可见，韩愈是封建文化专制主义公然的鼓吹者。这种思想与孔子“有教无类”的教育主张相比，显然是倒退了。但从另一个方面也说明随着社会的发展，阶级矛盾的日益尖锐化，作为统治阶级代言人的思想家们也在不断探索如何更好地运用教育和刑罚的双重手段来统治人民，维持社会的稳定。

(3)人性决定教育内容

韩愈认为人性包括仁、义、礼、智、信五项道德内容实际上是以封建道德为标准的。教育要发挥人固有的内在的善性，应当以封建道德修养为首要的教育内容。而有助于灌输封建道德观念的最好教本，则是《诗》《书》《易》《春秋》等儒家经典。所以不论是自己进行自学或是教导别人学习，他都强调以“六艺之文”为首要学习内容。这种主张与他捍卫儒学、反对佛道的思想路线是一致的。

韩愈关于教育作用和对象的论述是以人性论思想为导向的，具有一定的进步意义，他充分肯定了后天因素对于改变人性的重要作用，特别是教育在人的发展过程中起到了举足轻重的作用。韩愈一方面认识到不同的教育对象有着各自不同的特点，另一方面又指出教育对他们都能够产生影响，号召人们要接受教育，可以说他把人们对于教育对象的认识范围向前大大推进了一步。但韩愈又认为教育的作用是有限的，人性三个品级是不可改变的，教育只能在品级内部起作用，这显然是错误的，体现了其思想的局限性。

韩愈以封建道德为标准提出了性三品说，所强调的是人性天生存在差别，一句“其品则孔子谓不移”说明人性的上中下三个等级不可改变，这种理论的实际意义，就是以人性的等级来作为社会阶级划分的理论依据，从而断定人类社会也存在天命的等级差别。把封建地主阶级的仁、义、礼、智、信等道德原则说成是人天生固有的本性，用封建地主阶级的道德原则作为区分善恶的标准，使社会上各阶级各阶层的人，都遵从地主阶级道德原则的制约，从而达到维护封建社会秩序的目的。就像韩愈在《原道》中说的那样，“是故君者，出令者也；臣者，行君之令而致之民者也；民者，出粟米麻丝、作器皿、通货财以事其上者也。”如果把韩愈所说的三品的性和《原道》中说的君、臣、民三个等级联系起来，就可以看出，他所说的有上品性的人就是圣人，圣人是应该为君的，是封建统治者；他所说的有中品性的人就是那些为臣的人；他所说的有下品性的人就是民，民所应该做的事就是只能老老实实地劳动，来伺候在他们上边的人。既然人性的三个品级不能改变，那么以人性为根据的三个社会等级也不能改变。天命已定，名分也无法改变，统治者命定为统治者，被统治者命定为被统治者，这种理论必然受到统治者的欢迎。韩愈精心构思的“性三品”的人性论，也成为他教育学说的理论基础。

4. 性三品说的意义

从实质上分析，韩愈“性三品说”与孔子人性说无太大的不同；唯一不同的是，韩愈由“性三品说”派生出来了“情三品说”，从这一点上讲，韩愈对孔子及孔子以后诸家的人性说是有所发展的。韩愈提出“性三品说”及“情三品说”的现实意义是什么呢？他在《原性》的结尾处写到：

曰：今之言性者异于此，何也？曰：今之言者，杂佛、老而言也。杂佛、老而言也者，奚言而不异？

当时人们讲人性都是“杂佛、老而言”，是受佛教和道教人性论影响的。佛教和道教宣扬“清净”“无为”“无知”“无欲”，认为这就是人性，主张消灭人的“情欲”而恢复人“清净”的本性。韩愈正是以论述有情欲的人性论来批判和对抗佛教和道教的灭绝情欲的人性论，这也是他一生反对佛教和道教的一个重要内容。为了反对佛教和道教的人性论，韩愈搬出了孔子的“唯上知与下愚不移”的理论及孟子的“四端”之说和董仲舒的性三品说，创立了“性三品”与“情三品”说，认为佛教和道教的人性论既不讲仁、义、礼、智、信之人性，也不讲喜、怒、哀、惧、爱、恶、欲之人情，当属于下品的人性，说佛教和道教是恶性之人。值得注意的是，唐代佛教和道教昌炽，在经济上给百姓带来沉重的负担，破坏了人伦关系，尤其是其灭绝人性的“禁相生养之术”，是韩愈最厌恶的。因此，韩愈否定佛老神仙之说，强调知识、常理、衣食及耕织。佛教和道教提倡出世，主张清净无为，逃避君臣、父子和夫妇等伦常关系，认为这些都是世俗之情，最影响人们见性成佛得道。韩愈反对佛教和道教的人性说，他认为善恶的根源在人性，而表现善恶的特征是情，性是由情表现出来的，而只有因情才能见性。这与佛教和道教主张灭绝人性的情欲而达到见性成佛得道的思想是针锋相对的。韩愈认为只有体现伦常关系，才能始情动而处其中以见其性。也就是说，人必须通过符合伦理道德之情的表达，才能显示出人性本来就具有的仁、义、礼、智、信的善的本质。韩愈把性与情放在一起分析，强调了性与情的关系，韩愈性情对应统一说法的提出是他反对佛教和道教的一大功绩。

韩愈的《原性》，是唐代关于人性论问题的重要著作，当初的写作目的在于要把唐以前的关于人性论方面的论述做一总结，并将新的人性论公式化，使其成为政治和教育的理论工具。然而《原性》对人性问题的总结，不仅不能结束人们对人性问题的争论，反而引起了更大的争论。唯物主义者批评他的"性三品说"是一种唯心主义的先验论，忽视后天社会环境的影响，忽视人的主观能动性。唯心主义者则批评他没有区分"天地之性"与"气质之性"，没有达到"存天理，灭人欲"的目的。

当然，韩愈的思想是存在矛盾的。韩愈既然把仁、义、礼、智、信作为人的本性，那么上、中、下三品之人皆应当有此五种道德规范，具有此五种道德品质的人，不论上、中、下品都不应是愚恶不变的。另外他继承"可教""可制"的思想，又说："其品则孔子谓不移也。"那么怎么还能有仁、义、礼、智、信可言？可见，韩愈的人性说前后矛盾，存在严重缺憾。所谓"其品不移"，实质是说封建社会人们的阶级地位以及封建主义的等级关系是永恒不变的，这是韩愈极力想要维护的。所谓"可教""可制"，实质是企图通过封建主义的政治伦理道德规范，调节统治阶级内部及统治阶级与被统治阶级之间的关系，从而维护与巩固封建主义统治秩序。所以，又不能不充分肯定教育和法制的作用，这是韩愈教育思想的阶级局限性使然。

从关于性善性恶的讨论，到性三品说的提出和完善，可以说韩愈对人性论做了总结性的阐述，就其系统性和全面性而言，此前各家都无法与他相比。性三品说的长处在于它比较充分地考虑到人性的各种复杂情况，与社会现实生活中人性的多元表现相符合。我们不能不承认，在同样的社会环境和教育条件下，总有极个别的人生性善良，不沾恶习，宛若天成；也有极个别的分子生性恶劣，屡教不改，使人无可奈何。当然，大多数人有善有恶，可教而化之，这其中又可分若干层次。如果撇开性三品说所带有的宗法等级社会的痕迹，那么我们不得不承认性三品说确实有其合理性。教育绝不是万能的，对于极少数冥顽不化、作恶多端者，只能绳之以法，在强制的情况下加以改造，即便如此，最后还会有人至死不悟。我们应该看到韩愈的性三品说还是强调以教育为主，相信大多数人可以为善，但必须辅之以法。这种社会管理的对策既保留了儒家为政以德的传统，又去掉了早期儒家的迂腐成分，从而具有现实的可操作性。教育与法制，两者不可或缺，这已被历史经验所证明。

名著之二:《原道》

(一)名著概览

1.《原道》的问世

(1)儒、佛、道并立

在意识形态领域里，唐前期虽然有时对儒、佛、道三家采取行政手段予以干涉，但从总体上看，是容许三教并存发展的。道教和佛教在两汉时期都以各自的方式存在着，并从各个方面对整个社会产生一定的影响。到了唐代，佛道二教发展迅速，逐渐从“幕后”走向“台前”，其影响程度与日俱增。尤其是道教，依靠李姓政权的支持，一度在三教中占据了主导地位。同时佛教也极度兴盛，从东汉时传入中土以后，到了魏晋时期已得到了迅速发展，在社会各阶层都有着广泛的基础。武则天称帝时，为了报答佛教徒对她的舆论支持，大力倡导佛教，广度僧众。“安史之乱”之后，代宗、宪宗等几代皇帝都信佛，宪宗时还曾命人从凤翔迎接佛骨，放在宫中三天，用来求得福祉。皇帝尚且如此，百姓笃信佛教的状况则更加严重，许多人为逃避赋税而遁入佛门，佛教僧众的数量急剧增加。纵观整个隋唐时期，佛教、道教发展迅速，几乎到了能够与儒学并列谈论的地步，儒、道、佛并称为“三教”，这样就形成了儒、佛、道三者纷争不断的局面。

不仅如此，佛教和道教大有赶超儒学之势。例如，在思想理论方面，唐代的佛教就已经形成众多的流派，其理论体系亦日趋精密，本体论、心性论、认识论等所表现出的理论思维水平也已超过了儒学。在佛道两教咄咄逼人的气势面前，儒学则显得陈腐而无生气。唐初统治者曾有意提倡儒学，命孔颖达等撰《五经正义》颁行天下，以统一南北经学。虽在一定程度上反映了王朝大一统的要求，但也形成了唐前期儒学重章句训诂、守经传注疏的习气，限制了儒学在义理方面的思考和发展。唐代的明经、进士考试都考儒家经典，但明经侧重于帖经，进士则侧重于诗赋，相对于佛学禅思的日趋精密，儒学在理论思维上殊少发展，而渐趋于下风。在政权稳定的唐前期，这种欠缺还显得并不突出。及至王权衰落的唐后期，其固陋已不足以维护局面，唐朝统治者迫切需要统一思想，进而巩固其政权，这就需要以修身、齐家、治国、平天下的儒家学说为指导思想，强调维护封建统一专制的儒学的作用。因而对儒学加以改造，使其重新占据意识形态的主导地位，并为强化中央集权寻求理论上的依据，成为儒学面临的迫切的时代课题。

（2）佛、道盛行

在社会经济方面，佛、道二教也造成了严重的影响。许多权贵豪强、僧侣地主阶级，利用他们的特权兼并土地，侵吞税户，造成了“国赋散于权门，王税不入天府”[1]，“十分天下之财而佛有七八”[2]的局面。佛教泛滥，道教盛行，这一切意味着封建主义中央集权制有所削弱。作为封建统治的精神支柱，儒家思想的独尊地位发生了动摇。于是，加强儒学的独尊地位的问题再次被予以重视。韩愈从统治阶级的立场出发，站在维护皇权的角度，主张加强中央集权制，反对藩镇割据，猛烈抨击佛老，同时为了极力维护儒家的道统及其独尊地位，韩愈提出了“崇儒学、反佛道”的主张，开启了重振儒学的序幕。

韩愈以重建儒学道统、辅佐王室中兴作为安身立命、为学从政的起点与归宿。从儒学的全部发展历程来看，韩愈上承孔子、孟子、董仲舒，下启程颐、朱熹、王阳明，处在一个承前启后的历史阶段。先秦孔孟儒学发展到西汉董仲舒时，取得了独尊的地位，但经过魏晋南北朝时期，又形成了儒、道、佛三足鼎立的局面。隋唐初期，统治者虽有意提升儒学的地位，但却未能如愿。于是，为了复兴儒学，建立新的理论体系，韩愈始终以尊孔崇孟、融汇百家、批佛抑道为基本立场，为儒学的复兴做出了无可替代的贡献。

2. 主题宗旨

《原道》是韩愈“五原”之中的又一力作，可以说此文是韩愈复古崇儒、排斥佛老的代表作，也是体现他儒学思想的纲领性著作。文中观点鲜明，有破有立，引证古今，从历史发展、社会生活等方面，层层剖析，驳斥佛老之非，论述儒学之是，最终突出了韩愈恢复古道、尊崇儒学的目的。文章以“愈之志在古道”“学所以为道”为指引，提出了“明先王之教”的教育宗旨。同时本文也是韩愈作为理论基础的“道统论”的精彩呈现，是唐代古文的杰作。

“原”字的意思是探求事物的本原。并认为“道”的本原就是孔孟儒学思想的核心“仁义”，即儒家学说的先王之道，所以“原道”二字的意思是探求先

[1] 四部备要（史部）旧唐书·韦皋（卷一百四十，列传九十）[M]. 北京：中华书局，1989. 1186.

[2] 四部备要（史部）旧唐书·辛替否传（卷一百一，列传五十一）[M]. 北京：中华书局，1989. 959.

王之道的本原。韩愈认为，儒学的思想能够使人修身养性，可以齐家、治国、平天下，能够维护君出令、臣奉令、民从令的封建秩序，能够使百姓安于生产，使社会安定，有利于社会的发展和人民生活的改善。由此可知，韩愈宣扬的儒家之道，指的就是古代专制社会的统治之道。这种统治之道包含两个方面：思想方面与实践方面。思想方面是基础。在韩愈看来，虽然儒、佛、道三者都讲道，但是三者对道的理解各有不同。韩愈想把儒家的道作为思想武器来打击道家的“去仁与义”的道和佛教的“弃而君臣，去而父子，禁而相生相养之道”的“夷狄之道”。在实践方面，要求统治者能够以儒家思想作为手段来治理国家，实现长治久安，平定天下的目的。

（3）篇章结构

文章首先提出道是包含以“仁义”为内容的道，也就是自古相传的“修、齐、治、平”，即儒家自以为合乎当时社会现实的道，举起“道统”的旗帜来攻击逃避现实的佛教和道教的道。总的攻击分两点：第一，佛教和道教的信徒是四民以外的游民，要人民来养活他们；第二，他们想要通过对统治者进行思想上的影响，继而实现政治影响的目的。这是从经济和政治两方面的总攻击。然后又进行分别的攻击，对道家提出三点：第一，道家所说的道是去仁义的道，和儒家的“圣人之道”不合；第二，韩愈认为是圣人教民生养，给人民防御灾患，所以道家所说的“圣人不死，大盗不止”是不求端不讯末的怪论；第三，返回“太古之无事”的原始状态，是反对时代现实的措施。另外对佛家提出两点：第一，佛家“弃而君臣，去而父子，禁而相生相养之道”是荒谬的；第二，儒家正心诚意是有所为的，而佛家的治心，不过是专管自己，把天下国家置之度外，是绝灭“天常”的，因此，韩愈便斥之为夷狄，主张应予以惩办。把佛教斥为“夷狄之法”，斥佛教徒为“胥而为夷”，可见这种批评是极其严厉的。韩愈把佛教和道教的道和“圣人之道”相对照，以显示圣人之道的优越性，批评佛教和道教置天下国家于不顾的心性修养论的自私和悖理，批判了他们对社会生产生活和纲常伦理的破坏作用。

文中“夫所谓先王之教者”一段，是韩愈提出来的为政纲要。他将儒家之道称为“先王之教”或“先王之道”，先王就是“古之圣人”，指的是尧、舜、禹、汤、文武、周公、孔子和孟子。除去孔子和孟子，其他人是古代社会的最高统治者。孔子不是统治者，但功劳很大，他把这些统治者美化为一个儒家学者心目中的完善社会的组织者和领导者，所以有资格与先王们并列。孟子也是“先王之教”“先王之道”的积极提倡者，进一步彰显了圣人及其开创的儒道在历史发展中的巨大功绩，论证了儒家社会伦理学说的历史合理性。文中“人其人”数句是建议处置佛教和道教的办法，其中维护“天常”和说“夷、夏之辨”两点是封建最高统治者巩固政权必须尊奉的手段，韩愈希望能够因此获得统治者的支持，从而达到排斥佛教和道教的目的。

（二）《原道》教育章句导读

1. 教育宗旨

韩愈在魏晋道教之风盛行、佛学广泛流传之际，重新打起维护儒家道统的旗号，他说：“愈之志在古道”，“学所以为道”，从而提出了“明先王之教”的教育宗旨。韩愈对“先王之教” 或“先王之道”有自己的理解，分为以下五个层次，即什么是先王之道，先王之道的内容包括什么，先王之道的作用，先王之道的道统为何，如何实行先王之道。这五个层次，如概括而言之，它包括：儒家的经典、儒家宣扬的伦理道德、封建社会的政治措施、物质文明和生活方式等等。用今天的话说，即包括德育、智育和政治教育，把这些内容学好了，便可以应用无穷。总之，他认为诵习古圣之书，遵守先王之法，明乎人伦，本乎人性，乃是教育的根本任务。

(1)何为先王之道

韩愈以“明先王之教”作为教育宗旨，韩愈说：

夫所谓先王之教者，何也？博爱之谓仁，行而宜之之谓义，由是而之焉之谓道，足乎己无待于外之谓德。

这段话的核心是“仁义道德”四个字。四者所代表的四个范畴是儒学思想的重要组成部分，人们只有真正理解和运用四者，国家才能富强，人民才能幸福。同时这一部分的论述又在《原道》中开宗明义再一次提出：

博爱之谓仁，行而宜之之谓义，由是而之焉之谓道，足乎己无待于外之谓德。仁与义为定名，道与德为虚位。故道有君子小人，而德有凶有吉。

可以说这句话是全文的纲领。

①“博爱之谓仁”

仁的内容是博爱，但这里的博爱不是一切皆爱，万物皆爱，他指的是爱人。儒家的思想以仁为核心，也就是以爱人为核心。这与《论语》中“仁者爱人”一脉相承。孔子所提倡的“仁”，是处理人与人之间关系的学问，也是做人的最高准则，“爱人”是仁的核心。“仁者爱人”意味着有仁德的人对别人必会赋予爱心。孔子要求为政者能够做到“博施于民而能济众”。孔子所提倡的爱人，其范围非常广泛，不仅包括奴隶主贵族、新兴地主、商人和社会一般平民，而且还包括奴隶。孔子说：“泛爱众而亲仁。”这种思想在奴隶社会时期是非常难能可贵的。孔子把爱人放在爱物之上，珍惜人的生命价值，尊重人的生存权利的人本思想，对于限制统治者残民、虐民和扰民的非人道的政治行为是有极大的进步意义的。韩愈在这里将孔子提出的对各个阶层的人都施予爱的思想概括为“博爱”，将人的地位上升得极高。

②“行而宜之之谓义”

行为适宜而且符合仁的要求叫作义，义的内容是行宜，行与宜是构成义的两个因素。行宜就是要使行为符合封建道德规范，符合封建统治的秩序。《中庸》说“义者，宜也”，只提一个宜字，虽然也含有行的意思，但不明确。韩愈说“行而宜之”，行就是行动、实行、实践，强调行的重要性，意思就明确了，也完备了。“行而宜之”就是做该做的事情。只提该做的事情（宜），而不去做（行），不对；只提做（行），而不问这事情该不该做（宜），也不对。行与宜，两者缺一不可，合起来方成为义。义即是完成了所做的该做的事，就是韩愈自己所说的“笃近而举远”[1]，在韩愈看来，义要以国家天下大义为至上。遇到灾难，应该为国家牺牲，不惜任何代价来完成任务，如“舍生取义”或者“大义灭亲”等，看当时的环境条件做出最恰当的行动。

③“由是而之焉之谓道”

从仁义出发向前走去就叫作道，这里的“是”不单指仁，也不单指义，乃是合仁义而言。儒家的信念是仁，以仁贯彻于行动是义，故仁义不能分割视之。在儒家看来，道不是什么虚无缥缈的东西，道就是道理，也是道路。仁义的道理、仁义的道路，这就是儒家的道，也就是韩愈此处所说的道。为了弘扬儒家学说，他提出以“明先王之教”为教育宗旨，捍卫儒学的尊严。

④“足乎己无待于外之谓德”

自身具有而不依赖外界的叫作德。这意味着达到了道不等于达到了德，“足乎己无待于外”才意味着这个过程的完成。“足乎己”意味着仁义等道德规范由内而发，融汇于自己的思想之中，使其成为一种本能反应。简单来说，面对一件事，本能地认为就应该按照合仁义的方式去做，没有其他的理由，这就叫作“足乎己”。而“无待于外”说明仁义要成为一个人从思想到行为的指针，必须通过自身的努力，与自身混然成一体，而不是倚仗外力的强制，即德就是本能

[1] 韩愈．韩昌黎集·原人[M]．北京：商务印书馆，民国二十二年版．

的仁义指导实践的结果。

⑤“仁与义为定名，道与德为虚位”

“仁与义为定名”中的“定”是固定的、规定的、特定的意思，定名就是固定的、规定的或特定的名称。而“定名”是指这个名包含有实的意思在内，实由名而表现，名因实而定。有名无实这个名是假的，有实无名这个实是不稳定的。这里的实便是仁义，定名便是规定仁义这个名。

“道与德为虚位”，虚位可理解成载体或容器，可装上不同的物体。虚位以待，可以是老子的“道”“德”论，也可以是佛家的仁义说，韩愈在这里强调的是儒家特定的仁义，而不是老子所说的那一套道理。

循其名而得其实，名实相符，不可移易，仁和义具有一定的实际内容，所以说是“定名”。道德是需要实际的内容去充实它，所以说是“虚位”。换言之，“仁义”和“道德”是具体和抽象的分别，“道德”是“仁义”的名称，“仁义”是“道德”的内容，他把“仁义”与“道德”紧紧地联系起来，这就是著名的“定名虚位”论。另外，韩愈指出，诸家的道德之所以使人迷惑就在于，道德只是“虚位”，只有标举出“仁与义”这一实际内容，通过予“虚位”以“定名”，使其名实相符，才能区分出诸家道德实质上的不同；可以说“道德”像一个容器，所装内容不同，“道德”的实质就不同。从逻辑上来看，道德是比仁义更高一层的抽象概念，而仁义则是具有确定旨义的规范；可以说仁义即是道德，但道德并不必是仁义，甚至可以是非仁义的，如《孟子·离娄上》就曾经引用孔子之言曰：“道二，仁与不仁而已矣。”[1]可见“道”是极为抽象而空洞的“虚位”，可以填充不同甚至相反的思想内容。为了与佛教和道教所谓的道德教义不相混淆，必须要以“仁义”这样具有明确含义的“定名”为其实际内容，才能保证所行之“道”为儒家之道。所以他在后文再次强调：“凡吾所谓道德云者，合仁与义言之也。”

[1] 方勇译注. 孟子·离娄上[M]. 北京：中华书局，2010. 130.

韩愈开宗明义，明确指出仁、义与道、德的关系，只有通过仁义，才能达到道（由是而之焉之谓道），简言之，就是仁义乃道之下贯。

⑥“道有君子小人，德有凶吉”

然而，“仁义”这一人间正道，到韩愈所处的唐代，却遭遇了严重的挑战，儒、佛、道三教都各言其道德，使得人心浮动，出现了“皆欲以其道易天下”的混乱局面。所以韩愈在后文中说儒家的道德和佛教与道教的道德不是同一概念。继而韩愈说：“故道有君子小人，而德有凶有吉。”意思是说，道有君子和小人之别，君子之道，是含有仁义内容的道，小人之道是不含仁义内容的道，又因为“仁义”是“道德”的内容，所以说德有吉有凶。

这一部分是本文的纲领，韩愈郑重地提出要以仁义作为衡量道德的标准，作为排斥佛教和道教的根据。必须指出的是，传统的所谓仁、义、道、德、爱、宜、足等等道德标准，都是站在封建统治阶级的立场上来看待事物的。韩愈想要通过教育的手段，使人们重新认识儒家的仁义道德，以恢复儒学的独尊地位，对付佛教和道教的挑战。“道”是韩愈思想的最高范畴，它的内涵其实就是抽象化了的封建仁义道德，是一个有为的现实世界，追寻的是儒家传统的修身、齐家、治国、平天下的原则，因此，教育的目的也就是使人体道、悟道和行道。

（2）先王之道的具体内容

韩愈认为先王之道的具体内容为何呢？他说：

其文，《诗》《书》《易》《春秋》；其法，礼、乐、刑、政；其民，士、农、工、贾；其位，君臣、父子、师友、宾主、昆弟、夫妇；其服，麻、丝；其居，宫、室；其食，粟米、果蔬、鱼肉。其为道易明，而其为教易行也。

先王之道包括了封建社会精神生活和物质生活的一切方面，既是这一切的出发点，也是归宿，贯穿于思想文化、政治制度、阶级关系、等级制度、教育，以至衣、食、住等各个方面。这表明儒学是与民生实际结合在一起的。在思想文化方面，讲仁义道德的书有《诗经》《尚书》《易经》和《春秋》，它们作为建国君民、化民成俗的思想统治的唯一根据，统治者用它们来教化民众。在道德规范上面，韩愈把仁义与道德并提，而基本内容是仁义。仁义道德是总纲，体现在政治制度上就是礼乐刑政，用“礼”约束百姓的行为，规范人民的言行，用“乐”缓和封建社会的各种阶级矛盾，用“刑”镇压人民的反抗，用“政”统治人民，统治国家，这是圣人为一般民众设立的政治制度。在阶级关系、等级制度上，先王之道教育的对象是士、农、工、商，用君臣、父子、师友、宾主、兄弟、夫妇等人伦等级秩序来规定人们的社会地位。在社会经济方面，教育人民从事丝麻、宫室、粟米、瓜果、蔬菜、鱼肉等经济生产活动，满足统治者和老百姓日常生活的物质要求。

这是一幅封建社会秩序的理想蓝图。人们通过接受教育，学好仁义道德，便可安身立命，受益无穷。这些也可以说是韩愈要求教育所要教授的内容，指出要在仁义礼智、政治伦理、生活生存和人际关系等方面进行全面的培养。可见韩愈在教学内容上的把握是得其根本而融会贯通的，重视人本身的培养，绝不是为了应付科举考试而使学生遵循教条，在辞章上亦步亦趋，束缚学生的天性和个性。所以，韩愈说：“其为道易明，而其为教易行也。”显然这种道德教化的内容是很容易实行的。

由此看来，韩愈倡导的教育内容非常广泛，不仅涉及儒家的道德、伦理，更详及封建社会的政治措施、物质文明和生活方式等等。更重要的一点在于，韩愈认为先王之道载于文，欲学先王之道，当读六艺之文，并且要宣传先王之道，其形式也应当是古文，从而使其掌握一定的文化知识技能，培养出“先王之道”的接班人。

(3)先王之道的作用

那么，为何要学习先王之道呢？韩愈说：

是故以之为己，则顺而祥，以之为人，则爱而公，以之为心，则和而平；以之为天下国家，无所处而不当。是故生则得其情，死则尽其常。效焉而天神假，庙焉而人鬼飨（xiǎng）。

韩愈认为，先王之道的核心是仁义之道，而仁义之道是人类社会生活最正确、最完善的准则，作为理论是很容易明白的，它们作为教育是很容易推行的。所以，用它们来教育自己，就能和顺吉祥；用它们来对待别人，就能做到博爱公正；用它们来修养内心，就能平和而宁静；用它们来治理天下国家，就没有不适当的地方。因此，通过推行仁义之道，人活着就能感受到人与人之间的情谊，死了就是结束了自然的常态。祭天则天神降临，祭祖则祖先的灵魂就会来享用供奉。总之，学习“先王之道”能使自身、他人、国家三者达到和谐的境界，实现儒家倡导的修身、齐家、治国、平天下的目的。这就从总体上阐述了“先王之道”的作用。

(4) 先王之道的道统

儒家的道统是儒者关于“圣贤之道”，即儒学基本核心原理传授系统的学说。儒家学者在圣贤崇拜心理的支配下，对儒学精要进行了长期的反思，在外部与众家异说和佛教以及道教划清界限，在内部同异端思想及各种偏向划清界限，以保持儒学基本精神的纯洁性、稳定性和连续性，从而推动了儒家哲学主体脉络的形成与发展。从孔子、孟子、荀子以来，大多儒家学者都崇拜古圣贤臣，认为尧、舜、禹、汤、文、武、周公能够敬天惠民，合乎儒家的理想，并且把自己当作古圣贤臣的继承者。面对佛、道昌炽，儒学被削弱的状况，一些儒家学者企图重整旗鼓，恢复儒学的正宗地位，所以在此重新提倡儒家道统。

①道统论溯源

以韩愈为重要代表人物形成的唐宋道统论，目的是为了在抗拒佛、道的斗争中保持儒家的正统地位。可以说，韩愈是儒家道统说的奠基人，在此之前，道统之说并不尊显，也没有形成系统的体系，例如孟子在《孟子·尽心下》说：“由尧、舜至于汤，五百有余岁，若禹、皋陶，则见而知之；若汤，则闻而知之。由汤至于文王，五百有余岁。若伊尹、莱朱，则见而知之；若文王，则闻而知之。由文王至于孔子，五百有余岁。若太公望、散宜生，则见而知之；若孔子，则闻而知之。由孔子而来，至于今，百有余岁。去圣人之世，若此其未远也；近圣人之居，若此其甚也。然而无有乎尔，则亦无有乎尔！”[1]这一段对于道统的流传说得相当明白，而且特别指出哪些人对于道统的传承是“见而知之”，即亲眼目睹，哪些人是“闻而知之”，即只是听闻而已。不过这段话里没有提到武王和周公，似乎对道统之流传的叙述并不完全。这就要用他所说的另两段话来补充。孟子说：“禹恶旨酒而好善言。汤执中，立贤无方。文王视民如伤，望道而未之见。武王不泄迩，不忘远。周公思兼三王，以施四事，其有不合者，仰而思之，夜以继日，幸而得之，坐以待旦。”[2]这就把禹、汤、文、武、周公一起说到了。孟子又说：“昔者禹抑洪水而天下平，周公兼夷狄、驱猛兽而百姓宁，孔子成《春秋》而乱臣贼子惧。《诗》云：‘戎狄是膺，荆舒是惩，则莫我敢承。’无父无君，是周公所膺也。我亦欲正人心，息邪说，距诐行，放淫辞，以承三圣者。”[3]这里孟子已经当仁不让地把自己也列为道统传人。把以上孟子所说的三段话合起来看，正和韩愈所提的道统源流相一致。不过孟子自己只是表明他的志愿，他在儒家道统中的地位，经过韩愈的肯定，才算是正式的确立。

②韩愈的道统论

韩愈在这里提出的儒学之道的传授体系可以说是对以往道统论的概要和总结，由于他的提出，才使道统说大行于世，并得到后世的公认和发展。即，

曰：“斯道也，何道也？”曰：“斯吾所谓道也，非向所谓老与佛之道也。”尧以

[1] 方勇译注．孟子·尽心下[M]．北京：中华书局，2010．305．

[2] 方勇译注．孟子·离娄下[M]．北京：中华书局，2010．158．

[3] 方勇译注．孟子·滕文公下[M]．北京：中华书局，2010．121．

是传之舜，舜以是传之禹，禹以是传之汤，汤以是传之文、武、周公，文、武、周公传之孔子，孔子传之孟轲，轲之死，不得其传焉。荀与扬也，择焉而不精，语焉而不详。由周公而上，上而为君，故其事行。由周公而下，下而为臣，故其说长。

韩愈认为的“道”，不是道教和佛教所说的道，“斯吾所谓道也，非向所谓老与佛之道也。”如前所述，韩愈所谓的“道”，指的是儒家的仁义道德。而佛老是不讲仁义的。道和德，是佛、道、儒共同使用的概念，然而他们对道和德的具体含义又各自有不同的理解，因此，判定正统儒学与佛、道学说的根本区别，不在于他们是否讲道德，而在于他们所讲的道德中所包含的具体内容是否有仁义，这也就是前面所讲的“虚位”和“定名”的关系。老子平日讲道德，一味自虚无上去说，不知道道德本出自仁义，所以韩愈批评老子空喊道德，其实质是不懂仁义。佛教灭人欲，讲四大皆空，竟连道德也不讲。这正是韩愈批判佛教和道教所抓到的要害之处。韩愈正是用儒学道德所具有仁义的实际内容来批判佛教和道教不讲封建道德规范，破坏人与人之间的伦序关系。

可以说，韩愈建立道统论的目的是为了对抗佛教和道教所谓的“法统”。佛教和道教把他们的宗教神学思想体系奉为绝对的真理，尤其是佛教的各个宗派，为了使本宗派在竞争中争得“正宗”地位，各自都炮制出一个传法世系或曰法统。例如，禅宗是以“见性成佛”探究心源本性为核心的大乘佛教宗派，自称有一个“以心传心”的“心法”，在印度经过七佛、二十八祖师菩提达摩的传授，传到中国，为东土的初祖，经过二祖神光、三祖僧璨、四祖道信、五祖弘忍的传授，到慧能为六祖。历代祖师，一脉相传，这就是禅宗建立的法统。鉴于此，韩愈则借用禅宗的办法对抗佛教，也为儒家制造了一个“道统”，表示自已所继承的儒家思想也有本有源，而且更为源远流长。根据天命论和圣人史观，他将历史上列圣承传不绝如缕的传道之统，进行了浓墨重笔的描摹，并明确地将之称为道统，充分体现了他以捍卫道统者自任的历史责任感和使命感。那么，这个道统究竟是什么呢？他说，所谓先王的道，是从尧传给舜，舜传给禹，禹传给汤，汤传给文王、武王、周公，文王、武王、周公传给孔子，孔子传给孟轲，孟轲死后，没有继承的人。只有荀卿和扬雄从中选取过一些，但选得不精；论述过一些，但并不全面。从周公以前，继承儒家思想的都是在上做君王的，所以儒道能够实行；从周公以后，继承儒家思想的都是在下做贤臣的，所以他们的学说能够流传。由此可见，韩愈认为汉唐以来的道统与君统无任何关系，而是由大臣和士人中的圣贤来担当，因此，为延续道统、中兴大唐，就必须通过教育培养出大量能够“修己治人”的贤才。他把这个“先王之道”“圣人之教”的传授系统，称之为“道统”，这是个维持社会正常秩序的道，中国人世守之的道，有一个世世代代的传授系统。韩愈如此强调儒学道统的目的有三：一是凸显其作为孔孟儒学正宗继承人的地位；二是希望通过儒学来统领各家学说；三是批佛抑道。

韩愈把他建立的道统溯源到尧、舜、禹、汤、文、武和周公、孔、孟，其目的主要是用来说明他建立的道统源远流长，是中华民族思想中唯一正确的，没有哪一种思想是可与之相媲美的。所以，要建立他所谓的道统，完成他的事业，没有比这个旗帜更鲜明、更有力量的了。的确，在中华民族的传统文化思想里，还没有其他学派能够比以儒学道统为代表的思想影响更大，更易于为大多数人接受。同时也是为了抬高儒家在历史上的正统地位，而与佛教传法世系的宗教法统相对抗。在韩愈看来，荀子和扬雄这些大儒“择焉而不精，语焉而不详”，再加上秦始皇“焚书坑儒”的破坏和汉儒们对“大义”的不明，最终导致“道统”自孟子以后就失传了。于是，他便以“道统”继承者自任，声称孟轲之后无人传道，儒道中衰而佛教和道教横行，自己的使命就是要继承道统。他在《与孟尚书书》中说：“汉氏已，群儒区区修补，百孔千疮，随乱随失，其危如一发引千钧，绵绵延延，寖以微灭，于是时也，而倡释老于其间，鼓天下之众而从之。呜呼！其亦不仁甚矣！释老之害，过于杨墨。韩愈之贤，不及孟子，孟子不能救之于未亡之前，而韩愈乃欲全之于已坏之后。呜呼！其亦不量其力，且见其身之危，莫之救以死也。虽然，使其道由愈而粗传，虽灭死万万无恨！”[1]韩愈的这一理论分析了“道统”失传的原因和对整个儒学传播体系的基本估计，为后世儒家学者所接受。著书立说，“扶树教道”，也成为韩愈终生之志。

③对韩愈道统论的评价

有的人认为韩愈所创立的道统论有助于维护封建统治，有其积极的一面，而有的人则认为韩愈崇尚儒道的思想是保守落后的，甚至是反动的。其实，对于这个问题，我们应该从正反两个方面去论述，就像一枚硬币有其两面一样。一方面，自两汉至唐，这样系统而清楚地总结中国古代文化思想的传承史还是首次，使封建伦理纲常的永恒性获得了较为严密的理论论证。于是，由于产生于韩愈、完备于宋明理学的道统论的确立，儒家之外的各种思潮统统被归入了异端邪说之列，而儒家独尊的地位也重新得以确立。在当时佛教和道教昌炽的情况下，韩愈继承和发扬以儒学为代表的中国古代文化思想传统，使这一思想文化传统得以传播下去，开创宋明理学的先河，这不能不说是对中国文化史的一大贡献。这一传统文化思想中有不少是中华民族高尚道德情操的总结，文化艺术经验的积淀，科学知识的积累。这一传统的民族文化思想积淀，直到今天，还有不少东西被广大群众沿用，而成为民族文化思想里的精粹。这一思想对于以儒家为主导地位的中国传统文化，对于我国封建社会的政治、伦理、文化、哲学等方面，都具有不容忽视的影响。

另一方面，虽然韩愈在实践中不断吸收新的东西，扬弃儒学中一些僵化教条的内容而锐意创新，但是，由于他在理论上的过分强调，就造成了他同期及后世的大多数人认为儒学一切都好，古代的礼制不能违反。中国封建社会之所以如此漫长，除了落后的民族入主中原，为了巩固其统治地位，采取比他的前

[1] 韩愈．韩昌黎集·与孟尚书书[M]．北京：商务印书馆，民国二十二年版．

代更野蛮、更落后的方式束缚群众、统治人民外，更重要的是传统文化思想里落后保守思想所起的作用。可以说，韩愈注重封建社会里占统治地位的儒家传统，对其他各派采取排斥的态度，是其思想狭隘性的表现。从历史的角度看，随着人类历史的发展，人类的文化思想是不断丰富、不断发展的。韩愈过分强调儒家思想传统，而未能从整体上看到构成中国文化史的决不只是儒学一家，不论是百家之学，群众智慧，还是佛学和道教都对中国文化史的形成做出了自己的贡献；更为重要的是，广大人民的创造是中华民族文化史的主流。韩愈认识的错误在于他没有认识到儒学的历史局限性以及愈来愈明显地暴露出的保守落后性，还想原原本本地保持它的体系和地位，长久地传下去，这样势必影响和阻碍中国文化思想的发展和新思想的形成。所以道统论对中国封建社会后期的发展所起的消极作用也是显而易见的，韩愈作为宣扬这一传统的始作俑者的影响固然不能忽略，然而，后人亦有推波助澜，保守僵化之过，不该由韩愈来负责。

因此，可以说韩愈的道统说，代表了民族文化传统的主要方面，其中既有精华，也有糟粕。我们应该辩证地看待这一问题，对其在历史上起到的维护儒学地位、维护国家统一所发挥的积极作用加以肯定。

（5）先王之道的实施

针对当时佛教和道教横行，危及社会安定的局势，韩愈在这一段提出使儒道获得实行的方法，韩愈以为：

然则如之何而可也？曰："不塞不流，不止不行。人其人，火其书，庐其居，明先王之道以道之，鳏寡孤独废疾者有养也。其亦庶乎其可也。"

不堵塞佛教和道教之道，儒道就不得流传；不禁止佛教和道教之道，儒道就不能推行。必须把和尚、道士还俗为民，烧掉佛经道书，把佛寺、道观变成民房。通过阐明先王的儒道来教导人民，使鳏夫、寡妇、孤儿、老人、残废人、病人都能生活，这样做也就差不多了。

韩愈面对着巨大的宗教势力，主张采取强制性的政治措施，勒令僧众还俗，使其成为自食其力的人，焚毁佛教经卷，没收寺院财产，把寺观庙宇改建成供穷人居住的房屋。这种主张，代表了世俗地主阶级的经济利益，目的在于维护中央集权制度。然而我们也不得不认识到，文化思想的发展进步依赖于各种思想的交流，去粗取精，去伪存真，而一味排斥佛老，欲使儒学道统统一天下的思想是不足取的。

2. 圣人教之以相生相养之道

韩愈的"明先王之道"的教育宗旨是和他的政治理想密切联系在一起的。韩愈从人类古时候的生存环境和生老病死等方面的改变入手，详尽地论述了圣人教化人们相生相养之道的内容，阐明了礼、乐、刑、政是维护社会生产和生活正常秩序的必要手段的道理。他说：

古之时，人之害多矣。有圣人者立，然后教之以相生相养之道，为之君，为之师，驱其虫蛇禽兽，而处之中土；寒然后为之衣，饥然后为之食，木处而颠，土处而病也，然后为之宫室；为之工以赡其器用，为之贾以通其有无，为之医药以济其夭死，为之葬埋、祭祀以长其恩爱，为之礼以次其先后，为之乐以宣其湮(yān)郁，为之政以率其怠倦，为之刑以锄其强梗；相欺也，为之符玺、斗斛(hú)、权衡以信之，相夺也，为之城郭、甲兵以守之；害至而为之备，患生而为之防。今其言曰："圣人不死，大盗不止；剖斗折衡，而民不争。"呜呼！其亦不思而已矣！如古之无圣人，人之类灭久矣。何也？无羽毛鳞介以居寒热也，无爪牙以争食也。

上述内容与孟子在《孟子·滕文公上》中论述的内容有异曲同工之妙。孟子说："后稷教民稼穑，树艺五谷，五谷熟而民人育。人之有道也，饱食、暖衣、逸居而无教，则近于禽兽。圣人有忧之，使契为司徒，教以人伦，父子有亲，君臣有义，夫妇有别，长幼有叙，朋友有信。"[1]与之相比，韩愈的论述则更具体、更细

[1] 方勇译注. 孟子·滕文公上[M]. 北京：中华书局，2010. 96.

致。这一段话讲的是他理想的社会教化秩序，他的这种理想教化实际上美化了封建社会。在唐中叶以后，韩愈这种企图通过他所提倡的“先王之教”来实现其理想教化的做法是根本不可能实现的。

古时候，人民遇到的灾害很多，直到圣人出现，才教给人民相生相养的生活方法，做他们的君王和老师，驱走那些蛇虫禽兽，把人民安顿在中原。人们由于感觉到寒冷，为了保暖，然后知道和学会做衣服；因为饥饿，肚子难受，才慢慢懂得找东西吃，知道和学会觅、做食物；因为在树上生活会摔下来跌伤，住土洞潮湿会生病，才知道和学会造房子。而后圣人又教他们做工匠，供应人民的生活用具；教导他们经营商业，调剂货物有无；发明医药，以拯救那些短命而死的人；制定葬埋祭祀的制度，以增进人与人之间的恩爱感情；制定礼节，以分别尊卑秩序；制作音乐，以宣泄人们心中的郁闷；制定政令，以督促那些怠惰懒散的人；制定刑罚，以铲除那些强暴之徒。因为有人弄虚作假，于是又制作符节、斗斛、秤尺作为凭信。因为有争夺抢劫的事，于是建造了城池，制作了盔甲、兵器来守卫家园。总之，灾害来了就设法防备，祸患将要发生，就及早预防。上述分析符合人类文明进化的实际过程，也正说明这些文明的举措都是人类用集体智慧创造出来的。

韩愈在这里引用了崇尚道家之徒的一句话：“圣人不死，大盗不止；剖斗折衡，而民不争。”[1]其实在《道德经》里也可以找到类似的说法：《十八章》云：“大道废，有仁义。”《十九章》云：“绝圣弃智，民利百倍；绝仁弃义，民复孝慈；绝巧弃利，盗贼无有。”《三十八章》云：“故失道而后德，失德而后仁，失仁而后义，失义而后礼。夫礼者，忠信之薄而乱之首。”它的意思是让人们放弃仁义道德，放弃所谓的“圣人”之说，只要顺应自然，不争、不为、无欲就能达到道家所说的理想状态。韩愈认为这些话都是没有经过思考的话罢了。如果没有圣

[1] 郭象. 庄子注疏·胠箧篇[M]. 北京：中华书局，2011. 192-194.

人，人类早就灭亡了。为什么呢？因为是聪明智慧的圣人教会了人们各种生活技巧和生活本领。

韩愈的这种观点应该从两个方面进行考量。一方面，人类历史不是由少数圣人所创造出来的，而是人民群众集体智慧的结晶。韩愈所说的“圣人”是指古代英明的统治者和某一时代或某一事业的杰出人物，他把古人类的相生相养之道完全看成是圣人所教，把衣服、公室、器皿、医药等等说成是“圣人”的发明，这是不符合实际的。人类的生活实践证明：人类在共同的社会实践中，产生了较一般人见识广、方法多、技术高、力量强的特殊人物，而后这些人物才起到比一般人更大的作用。其实，这些特殊人物的智慧和才能，也只是将群众创造出来的经验进行总结，他们的智慧只不过是群众智慧的结晶，说到底，“圣人”也是由历史和人民群众创造的，所谓圣人者，不过是结合劳动人民的智慧和经验，再加上分析和研究得出一定理论的人。圣人善于总结经验，在某一时期边学边行，他不可能凭空发明某一种事物。所以说从这一点来看，韩愈不免陷于唯圣贤论的怪圈中，这是他继承儒学推崇圣贤，认为在人类社会生产活动里起决定因素的是古圣贤人的传统所致。

然而从另一个角度来看，我们要充分肯定优秀人物或“圣人”在历史发展中所起到的促进作用。虽说历史不是少数圣贤和个别英雄人物创造的，但是历史唯物主义者并不否认杰出人物在历史上的作用，特别是在历史发展的关键时刻，杰出人物有加速和延缓社会历史发展的作用。所以韩愈十分推崇“圣人”是有积极意义的。另外，韩愈认为古代产生的礼法制度是对前代的文化积淀，那些优秀人物与其礼法制度都是为了维护所处时代的阶级统治。从这一点来看，老庄学派反对这些人及这些礼法制度，对百姓反抗统治者及其压迫束缚是有一定现实意义的，因此，韩愈对老庄学派全盘否定的态度是片面的。

3. 受教育水平和社会分工

韩愈认为，理想社会的社会分工是这样的：

是故君者，出令者也；臣者，行君之令而致之民者也；民者，出粟米麻丝、作器皿、通货财以事其上者也。君不出令，则失其所以为君；臣不行君之令而致之民，则失其所以为臣；民不出粟米麻丝、作器皿、通货财以事其上，则诛。

韩愈的这段话描述的是各阶层的职责与分工。在这里，韩愈为实现儒家理想的社会描绘了一幅秩序井然的蓝图。以君、臣、民构筑起来的这幅社会的蓝图，既是理想的社会，又是现实的社会。这个社会就是以专制制度为基础的社会。韩愈在文章中通过君、臣、民三者各司其职、各尽其责的关系，说明社会分工的原则：君王是发布命令的；臣子是执行君王的命令并且实施到百姓身上的；百姓是生产粮食、丝麻，制作器物，交流商品来供奉在上的统治者的。君王不发布命令，就丧失了作为君王的权力；臣子不执行君王的命令并且实施到百姓身上，就失去了作为臣子的职责；百姓不生产粮食、丝麻、制作器物、交流商品来供应在上的统治者，就应该受到惩罚。这一个“诛”字使韩愈备受后人的责难，认为他是统治阶级的忠实代言人，严厉威胁人民群众忍受剥削。韩愈过分强调君权，不可能不流露出他忠君和维护封建统治阶级的本质，反映了他在孔、孟那里继承了严格的等级思想。

《孟子·滕文公上》云：“或劳心，或劳力，劳心者治人，劳力者治于人；治于人者食人，治人者食于人，天下之通义也。”孟子强调脑力劳动者与体力劳动者之间由于知识水平差异而在社会中从事不同的工作，而这一差异就决定了体力劳动者与脑力劳动者在社会上处于不同的阶层。在这里，韩愈与孟子都尽力将社会分工宿命化、合理化，强调其历史的合理性。从整个社会历史发展进程来看，一部分人通过努力读书，学习知识从而考取功名，成为官员，依靠贩卖和运用知识谋生，而另一部分人由于没有知识，为了生存只得出卖自身的体力，成为劳动人民。由于“劳心者治人，劳力者治于人”，知识阶层的人一方面需要向劳动阶层的人们传授劳作的方法，对他们进行教育，而在另一方面又要对他们进行管理。同时，为了整个社会有序健康地发展，规定社会秩序，统一思想路线，这就需要对官员进行逐层管理，也就是形成我们现在所谓的官僚阶级，那么所有官僚阶层的最顶端的人物就是统治者，即全体官员中最优秀的人才。这样也就出现了韩愈所说的君、臣、民的层层负责制和君、臣、民三者不同的社会分工。

由此观之，无怪韩愈赞扬孟子思想醇而又醇。二人都是以形而上学的观点看待劳心者与劳力者的，体现在都主张通过具体的制度规定君臣民三者由教育水平所决定的社会分工：劳动人民生来是被人统治的，应该侍奉劳心的统治者。为了保证社会分工的顺利进行，这是无可非议的，因为这种等级制度不是单方面的决定，而是社会全体成员的共同约定。表面上看，这种约定俗成的制度对君、臣失职处分轻，对民的处分重，实则不然，居统治地位的君、臣并没有免予处分。“失其所以为君”“失其所以为臣”，做不成君，做不成臣，失去地位、财产，甚至生命，在君权时代这种处分可以说不轻了。

韩愈在这里透彻地阐明了儒家民本思想的精髓。民本思想是专制制度和专制社会的产物，他忠诚地拥护这个制度和社会，但是他要求被统治者安守本分，劳动生产。似乎只强调百姓做顺民、安民，忽略了人民的基本物质要求与精神要求，不符合民主思想。但是应该注意的是，民本思想不是民主思想，二者是不可混淆的。

同时，这一段也可以看作是对君、臣、民各自在道德方面进行的约束和规范。韩愈把道德和政治紧密地联系起来，他认为君、臣、民各有其道德。君王的道德就是发号施令；臣的道德就是一切按照君王的号令落实到百姓身上；百姓的道德就是生产粮食、财物以供应君臣的需要。由此可见，韩愈把儒家的道德观念伸展到君、臣、民三者的等级社会的政治关系上，从而借此巩固封建秩序，维护皇权和为唐王朝的统治服务。当然，这种君权至上的封建反动理论，我们应该予以批判。但这种言论的出现与当时宦官势力和藩镇势力极其膨胀，人民遭受其祸害极重的社会历史背景有关。韩愈希望出现一位英明果断的皇帝，有贤臣辅佐，摧垮宦官和藩镇的势力，令出必行，统一全国，所有的赋税统统纳入国库，建立一个富强的中央集权国家，这也是韩愈奋斗一生的目标。

4. 崇儒批佛道

儒学，是中国古代社会长期形成的文化积淀。它虽然打上了封建阶级的印记，但与中国传统的黄老之学相比内容丰富得多，它对中华民族文化思想、伦理道德的影响也是黄老之学与别家之说无法相比的。与从外域传来的佛学相比，儒学具有鲜明的民族特色，在中国文化思想史上占据重要的地位。任何外来的文化思想，只能被吸收以丰富本民族的文化思想，而无法取代本民族文化思想之地位。汉、魏以来，佛学昌炽，在韩愈看来，这不仅给中国文化思想注入了许多消极成分，更重要的是给唐代社会政治、经济带来了极大的危害。并且佛教和道教的学说扰乱了人们的思想，使人们无所适从。所以韩愈认为：

周道衰，孔子没，火于秦，黄、老于汉，佛于晋、魏、梁、隋之间。其言道德仁义者，不入于杨，则入于墨，不入于老，则入于佛。入于彼，必出于此。入者主之，出者奴之；入者附之，出者污之。噫！后之人其欲闻仁义道德之说，孰从而听之？老者曰："孔子，吾师之弟子也。"佛者曰："孔子，吾师之弟子也。"为孔子者，习闻其说，乐其诞而自小也，亦曰："吾师亦尝师之云尔。"不惟举之于其口，而又笔之于其书。噫！后之人虽欲闻仁义道德之说，其孰从而求之？

自从周朝的政治逐渐衰落，政令不能在全国统一，孔子去世以后，诸子百家争鸣，儒学也未能统一，秦始皇焚烧诗书，使得黄帝和老子的学说盛行于汉代，佛教盛行于晋、魏、梁、隋之间。那时谈论道德仁义的人，不归入杨朱学派，就归入墨翟学派；而自从佛教和道教盛行开始，人们不是信道学，就是信佛学。归入了这一家，必然轻视另外一家。尊崇所归入的学派，就贬低所反对的学派；依附归入的学派，就污蔑反对的学派。唉！后世的人想知道仁义道德的学说，到底听从谁的呢？信奉道家的人根据“孔子适周，将问礼于老子”说：“孔子是我们老师的学生。”信奉佛家的人依据佛书中“儒童菩萨，彼称孔子”也说：“孔子是我们老师的学生。”研究孔学的人，听惯了他们的话，乐于接受他们的荒诞言论而轻视自己，也说“我们的老师曾向他们学习”这一类话。不仅在口头说，而且又把它写在书上。唉！后世的人即使要想知道关于仁义道德的学说，又该向谁去请教呢？种种说法不一而同，使人们的思想陷入混乱的状态，没有分辨是非善恶的标准。因此韩愈说：

甚矣！人之好怪也！不求其端，不讯其末，惟怪之欲闻。

人们喜爱奇谈怪论的风气是何等严重啊！既不研究它的本原，也不探讨它的演变，就是愿意听怪诞的言辞，因而导致儒道衰落，佛道盛行。正因为这样，韩愈认为有必要正本清源，扶树孔孟学说。

（1）佛道是社会祸乱的根源

韩愈批判佛教和道教，崇儒道，边批边立。他针对道教的虚无、佛教的空无观，确定了以仁义为核心的儒家道德观念。又根据佛教徒和道教徒不从事生产而耗费百姓劳动果实、国家财力的现实，对佛教和道教进行批判。历史上的儒、佛、道之争，不仅根源于世俗地主与僧侣地主在经济、政治上的矛盾，而且也反映了三种文化形态本质上的差异，韩愈的这种通过儒学排斥佛教和道教的斗争就是最明显的体现，他指出：

古之为民者四，今之为民者六，古之教者处其一，今之教者处其三。农之家一，而食粟之家六；工之家一，而用器之家六；贾之家一，而资焉之家六。奈之何民不穷且盗也！

古代的人民只有四类：士、农、工、商。自秦以后，先后出现了佛、道两家，使社会成分发生变化，所以说今天的人民有六类。古代负有教育人民任务的，只占四类中的一类，即士阶层的人，他们依靠所学的儒家经典，向人们普及教化。而现如今佛、道两家都建立各自的学说体系，宣传各自的立场观点，迷惑人们，教导人们，所以说今天教育人们的人有三类。士、农、工、商各有所业，这是社会分工的需要，而佛、道则是四民之外游手好闲、待人供养的两类人。务农的只有四家之中的一家，而佛、道两家不耕而食，农民要供应六家的粮食；务工的只有四家之中的一家，佛、道不劳而用，务工的要供应六家的器用；经商的只有四家之中的一家，佛、道不织而衣，因此依靠经商者服务的有六家。由于佛教和道教盛行，“丁皆出家，兵皆入道”，寺观占有大量的人力、土地和财力，使社会结构均衡失调，造成生产者寡而白食者众的局面，又怎么能使人民不因穷困而去偷盗呢？韩愈把穷且盗的社会现实归咎于佛教和道教盛行而使得百姓负担过重，虽非完全符合实际，但大体上不错。按当时记载，十几户就得养一僧，何况绝大多数僧尼都不参加生产，则全国受佛、道剥削者多矣。更甚者，僧侣和道士宣扬迷信，败坏风俗，践踏礼义。韩愈从关乎国计民生的社会政治、经济和文化教育等方面出发，揭露了佛教和道教剥削寄生、不劳而获的本质和对社会的巨大危害，正击中了它们的要害。

在这里，韩愈提出了反对佛教和道教的三个主要理由之一，从经济方面指出弊害，由于佛教和道教提倡出世，僧侣、道士不工、不农、不商，游手好闲，不事生产，耗费社会财富，是造成人民贫穷与社会动乱的根源。这种主张，反映了当时在政治上的士族地主与庶族地主，或者说世俗地主与僧侣地主之间争夺土地与劳动力的矛盾和斗争。其实质是为了维护以封建统治阶级为代表的大地主阶级的统治，也在客观上反映了中小地主阶级及士、农、工、商等小生产者的利益与要求。这在当时具有一定的积极意义。

（2）佛道求出世而破坏纲常

①佛教“弃而君臣，去而父子，禁而相生相养之道”

韩愈认为：

今其法曰：“必弃而君臣，去而父子，禁而相生相养之道。”以求其所谓“清净”“寂灭”者。

很显然，这种想法是违背人类社会自然规律的，也是与儒教相悖的。所以，韩愈在此不得不为之感叹：

呜呼！其亦幸而出于三代之后，不见黜于禹、汤、文、武、周公、孔子也。其亦不幸而不出于三代之前，不见正于禹、汤、文、武、周公、孔子也。

佛道两教也幸而出现在三代之后，没有被夏禹、商汤、周文王、周武王、周公和孔子所贬斥。他们又不幸而没有出现在三代以前，没有受到夏禹、商汤、周文王、周武王、周公和孔子的教导。

佛教破坏世俗人伦“天常”，“弃而君臣，去而父子，禁而相生相养之道”，而“天常”既毁，名教秩序也就无以为继了。他反对佛教，主要是反对佛教破坏了封建的君臣关系，以及与封建政权相适应的父子、夫妇等封建伦常关系。这就揭示了儒、佛各自所崇尚的文化形态上的差别。韩愈以儒排佛，就是以儒家的传统文化来反对外来的佛教文化，其中最根本的，就是以儒家的世俗伦理道德排斥佛教的宗教出世理论。这集中地体现了儒、佛在思想领域中争论的主题，即关于世俗与天国的关系。而韩愈用来概括儒家文化的理论，并以此作为排佛的主要武器的不是别的，就是他的儒家“道统”理论。他鼓吹儒家“道统”，自然也是要维护封建地主阶级的君臣关系以及与封建政权相适应的父子、夫妇等封建伦理关系。这些思想反映出他要力争维护儒家思想的正统地位，保护“圣人之道”思想，不管从他主观愿望上还是从客观效果上说，都是要维护封建制度，为统治阶级服务。同时也不可否认，这其中也包含有维护民族文化传统的积极意义。

②以《大学》的入世对抗佛道的出世

在韩愈的道统论中，“道”既然是由仁义而致，那么，由存于内的“仁”，到见乎外的“义”之整个过程即“道”。这一由仁义到道的展现过程，充分地显示了韩愈道统论的有为特点和入世精神，他认为“仁义”之道，就是《大学》篇所谓的治国平天下学说：“古之欲明明德于天下者，先治其国；欲治其国者，先齐其家；欲齐其家者，先修其身；欲修其身者，先正其心；欲正其心者，先诚其意。”“意诚而后心正，心正而后身修，身修而后家齐，家齐而后国治，国治而后天下平。自天子以至于庶人，壹是皆以修身为本。”[1]韩愈发挥儒学中齐家、治国、平天下与正心、诚意和修身的关系，并用此与佛、道的无为及出世之道相对抗。他说：

传曰：“古之欲明明德于天下者，先治其国。欲治其国者，先齐其家。欲齐其家者，先修其身。欲修其身者，先正其心。欲正其心者，先诚其意。”然则古之所谓正心而诚意者，将以有为也。

韩愈援引《大学》作为与佛教和道教相抗衡的理论材料，首先在于他认为《大学》精辟地概括了儒家的修养方法和从心到物的认识路线。《大学》把社会的改造、天下的治理，一步一步归结，最终归结为个人诚意正心的思想修养上，把修身养性看成是万事之本。其次是想说明他所谓的道，不但同样具有“治心”之说，而且要见之于治国平天下之行，而佛教和道教则仅欲“治心”而“外天下国家”。韩愈说：

今也欲治其心，而外天下国家，灭其天常，子焉而不父其父，臣焉而不君其君，民焉而不事其事。

现在佛教和道教宣扬放弃天下和国家，毁弃伦理纲常，作为儿子不孝敬父

[1] 朱熹．四书章句集注·大学[M]．北京：中华书局，2011.4.

亲，作为臣僚不忠于君主，作为庶民而不致力于自己的本业，这是韩愈所反对的。所以韩愈在这里阐述了倡导人们信奉儒家学说、正心讲礼义的重要性以及信奉佛、道学说的危害，其意义在于说明修养的目的是要去改进社会，要有为而不是无为，要入世而不是出世，要治国平天下，而不是独善其身；其次还在于说明修养是主观到客观，从心到物的这一过程，个人的心性修养是处理万事的根本。

同时，韩愈在这里提出《大学》还有一个重要的意义。佛教的经典分为经、律、论，“经”据说是佛的言论，“律”规定佛教修行的清规戒律，“论”是对一些问题的系统阐述。佛教中各派别都有它们所依据的经、论。即使禅宗不立文字，也常引用《金刚经》中的内容来解释事物和问题。韩愈为了与佛教的经、论相对抗，也想找出一些儒家的经典著作作为理论依据。儒家虽然也有“五经”和《论语》《孟子》等书，但除《易经》外，其他著作都不是对某些问题系统的阐述。而《大学》中的这段话，正好为他的“道统”论做了理论上的论证。《大学》本来只是《礼记》中的一篇，成为后来儒家所尊奉的“四书”之一。照后来儒学家们的解释，《大学》中主要阐释了“三纲领”“八条目”。“三纲领”，即“明明德”“亲民”“止于至善”。“八条目”，是格物、致知、诚意、正心、修身、齐家、治国、平天下。韩愈这里所引的，正是这个“三纲领”和“八条目”的一大部分。

③尊孔孟，排异端

韩愈认为，在思想文化方面要起到巩固封建中央集权制度，稳定全国的社会秩序作用，统治者手中的思想武器不外乎是儒、佛、道。佛、道虽然在控制人民思想方面为封建制度服务，但佛教和道教毁灭天常人伦，倡导人民不做事，臣子不侍奉君主，孩子不孝敬父亲，丧礼乱伦，不当兵纳税，没有能力维护中央集权制度。统治者从历史经验教训中感到要巩固中央集权制度，必须调整儒、佛、道的关系，提高儒学的地位。韩愈敏锐地察觉到这种社会需要，他以儒道为武器，以批判佛教和道教为目标，以治国安邦、中兴唐朝为宗旨，将三者有机结合，缺一不可。韩愈认为，国家要以孔孟之道为思想支柱，大力提倡忠君孝亲，他举起复兴儒学的大旗，挺身大呼，发出尊孔孟、排异端的号召：

孔子之作《春秋》也，诸侯用夷礼则夷之，进于中国则中国之。经曰："夷狄之有君，不如诸夏之亡。"《诗》曰："戎狄是膺，荆舒是惩。"

孔子作《春秋》，对于采用夷狄礼俗的诸侯，就把他们列入夷狄；对于采用中原礼俗的诸侯，就承认他们是中国人。《论语》说："夷狄虽然有君主，还不如中国的没有君主。"《诗经》说："夷狄应当攻击，荆舒应当惩罚。"他坚决倡导排斥佛教道教，重点是反对佛教：

今也举夷狄之法，而加之先王之教之上，几何其不胥而为夷也！

现在，却尊崇夷礼之法，把它抬高到先王的政教之上，那么我们不是全都要沦为夷狄了？

他承接上文提出他反对佛教和道教的第二点理由，从政治伦理方面指出弊害，佛教和道教只强调个人修行，抛弃一切社会义务，"今也欲治其心，而外天下国家，灭其天常，子焉而不父其父，臣焉而不君其君，民焉而不事其事。"这是违背封建礼教的。他批评了佛、道两家置天下国家于不顾的心性修养论的自私和悖理，揭示了它们对封建社会的伦常道德的破坏作用。

（3）佛、道是破坏仁义道德的罪人

老子之小仁义，非毁之也，其见者小也。坐井而观天，曰"天小"者，非天小也。彼以煦煦为仁，孑孑为义，其小之也则宜。

意思是说老子轻视仁义，并不是诋毁仁义，而是由于他的观念狭小。好比坐在井里看天的人，说天很小，其实天并不小。老子把小恩小惠认为仁，把谨小慎微认为义，他轻视仁义就是很自然的了。

老子的仁义和爱只不过是亲近那些对自己和悦柔顺的人，所爱的也只不过是那些具有小仁小义的人。老子把蝇头小事、不足挂齿的小爱当作仁义，可见他对仁义的理解和认识太肤浅了。老子说："大道废，有仁义。"（《第十八章》）又说："故失道而后德，失德而后仁，失仁而后义，失义而后礼。"（《三十八章》）"人法地，地法天，天法道，道法自然。"（《二十五章》）"上德不德，是以有德，下德不失德，是以无德。"（《三十八章》）说明老子认为道德应该是以一种无为而自化的形式形成的，很明显，这是一种虚无的认识论，并且老子把道德和仁义分开来谈论，把仁义放在道德之下，所以韩愈说道家是将仁义的内容缩小了。

那么，韩愈为何认为佛、道是破坏仁义道德的罪人呢？他指出：

其所谓道，道其所道，非吾所谓道也。其所谓德，德其所德，非吾所谓德也。凡吾所谓道德云者，合仁与义言之也，天下之公言也。老子之所谓道德云者，去仁与义言之也，一人之私言也。

意思是说，佛与道关于仁义道德的含义是各不相同的，老子所说的道，是把他观念里的道当作道，不是我所说的道。他所说的德，是把他观念里的德当作德，不是我所说的德。凡是我所说的道德，都是结合仁和义说的，是天下的公论，即"公言"，犹言公理；老子所说的道德，是抛开了仁和义说的，只是他一个人的说法，即"私言"，不合公理，不能行之于天下。也就是说，儒家的道德以仁义为内容，而佛、道的道德是舍去仁义而言道德，这是违反先王之教的。可以说，佛老之道所追求的是个人宗教修养的出世原则，向往的是清净无为的彼岸世界，而韩愈主张的道则是一个有为的现实世界，追求的是儒家传统的修身、齐家、治国、平天下的入世原则。所以韩愈认为佛、道是破坏仁义道德的罪人。仁义道德作为自古以来的先王之教，使社会秩序和谐。但佛、道的道德理论与儒家的仁义道德学说相对立，造成人们是非混淆。

韩愈以批佛抑老为己任，以建立道统、传道以治国为旨归。而他所说的道，就是以仁义道德为核心的儒家道统。为了恢复儒家传统的仁义之道，就必须矢志不移，勇往直前，一如既往地追求圣人之道，他说："故学者必慎其所道，道于杨墨老庄佛之学，而欲之圣人之道，犹航断港绝潢以望至于海也。"[1]这是从第三个方面，即从社会道德方面指出佛教和道教的害处，告诫所有读书人千万不要轻易信仰佛教和道教，因为一旦进入了那个轨道，就容易迷失方向，而且再想重返正途就比较困难了，因此一定要慎重，切勿掉以轻心。

就儒学自身发展历史来看，韩愈起到了正本清源、承前启后的作用。韩愈承兼先秦百家之说，崇儒学，振道统，系统讲述儒家思想，以儒学道统后继者自居，正如明代薛瑄所言："汉四百年，识正学者孟子；唐三百年，识正学者韩子。"[2]同时，韩愈建立道统论，捍卫和巩固了儒家的地位，开宋明理学先河，使得宋代尊儒的后起之辈有以攀引，从北宋二程传承之，阐发之，至朱熹完全确立，韩愈起到了开先声、导先路的作用。张岂之先生认为："韩愈所说的'道'，就是封建伦理关系的系统化和伦理化。从而成为连接宋代理学的环节。"[3]可见，韩愈在提高和巩固儒学的地位，开启宋明理学方面发挥了重大作用。

综观《原道》全文，不难看出韩愈是以"先王之道以道之"的批佛老、尊儒道的倡导者。韩愈儒家思想最突出的表现，是他从统治阶级的角度出发提出圣人、百官亦不应怠于民事，君、臣、民三者皆应"各致其能""劳而后食"的观点，这与他所设想的由"礼、乐、刑、政"的社会制度，"君、臣、民"的社会分工和"君臣、父子、师友"等伦常关系所构成的社会蓝图，而力主排斥佛教和道教

[1] 韩愈．韩昌黎集·送王秀才序[M]．北京：商务印书馆，民国二十二年版．

[2] 吴文治．古典文学研究资料汇编——韩愈资料汇编（第二册）[M]．北京：中华书局，1983．705．

[3] 张岂之．中国思想史[M]．西安：西北大学出版社，1989．300-301．

的思想是一致的。正如杨万里在《韩子论上》说的那样："韩子《原道》书，孟子以来，一韩子而已，大哉韩子乎！"[1]清代吴楚材、吴调侯的《古文观止评注》卷七上也说："孔孟殁，大道废，异端炽，千有余年，而后得原道之书，辞而辟之，理则布帛菽粟，气则山走海飞，发先儒所未发，为后学之阶梯，是大有功名教之文。"[2]

名著之三：《师说》

（一）名著概览

1.《师说》的问世

贞元十七年（公元801年）秋冬之际，韩愈入京选官，由于得到祠部员外郎的引荐，得授四门博士。由于韩愈写作古文，畅言古道，有许多青年学子向他求教。韩愈对于登门求教的人一概不回避师、弟子的名分。凡是来向他请教的，他都不拒绝，"来者则接之"。他说："人之来者，虽其心异于生，其于我也皆有意焉。君子之于人，无不欲其入于善，宁有不可告而告之，孰有可进而不进也。言辞之不酬，礼貌之不答，虽孔子不得行于互乡，宜乎余之不为也。苟来者吾斯进之而已矣，乌待其礼逾而情过乎！"[3]然而，韩愈的行为是与当时社会环境相悖离的。

（1）官学衰落

[1] 杨万里．杨万里集笺校·韩子论上（第七册）[M]．北京：中华书局，2007．3409．

[2] 转引自罗联添．韩愈研究[M]．天津：天津教育出版社，2012．300．

[3] 韩愈．韩昌黎集·重答翊书[M]．北京：商务印书馆，民国二十二年版．

唐代以来，唐高祖颇好儒臣，唐太宗锐意经籍，儒学在贞观年间称盛一时。然而在中唐时期，教育事业潜伏着严重的危机，社会上出现了追逐名利，不重视从师学习的浮华风气。“安史之乱”后，唐朝国势由强盛转向衰败，学校教育也随之转向衰落，儒家经典尽为灰烬。学校教育的衰落产生了两种影响，一方面，人们的注意力不再集中于学校的学习，而是用于应付科举考试，所以教师的地位一落千丈。由于唐朝的各种考试尚未采用糊名的办法，许多考试往往流于形式，考生为了给考官留下较好的印象，奔走于考前的投献诗文或是托私人关系。故而学校不再是进身的主要阶梯，学生不重视在校的学习，最终导致唐代师道之不严。世人皆不以相师为荣，反而以求师为耻。另一方面，学校的衰弱使儒家失去了宣传阵地，儒学地位发生动摇，社会影响削弱，加之佛、道二教势力的膨胀，儒家的师道观日益淡化。韩愈认为，儒道之所以衰微，正是因为“师道之不传也久矣”。昔周之衰，虽然有众多好事者各以其说影响各国君主，纷纷藉藉相乱，六经与百家之说错杂，然老师大儒犹在，圣人之道犹存。而自秦始皇焚书坑儒、汉初黄老之学勃兴、魏晋佛学东渐之后，儒家圣人之道不传也久矣。所以，为了恢复儒家道统，韩愈不顾流俗，“抗颜为师”，大力提倡尊师重道。

(2)避师之风

科举制盛行后，士子可以依靠诗赋等文学作品来争名位，文学的重要性超过了经学。学风和思想观念都发生了变化，“文士撰文，唯恐不自己出。”人们竞相显示自己的独创性，不以师传为荣，反以求师为耻，耻于以弟子自居。当时学校虽有传经博士，科举虽有明经之科，但无人以“传道”之师自任。即使是回答学子的问题也不以老师自居。为了虚名，可以不承认师生关系。韩愈感叹说：“由汉氏已来，师道日微，然犹时有授经传业者，及于今则无闻矣。”[1]韩愈收徒为师的行为，引起京师士人极大的震动，一些人相聚而骂，对韩愈指指点点，

[1] 韩愈.韩昌黎集·进士策问[M].北京：商务印书馆，民国二十二年版.

称其为狂人。在这样的背景下，韩愈认为有必要对为师、为弟子之道进行整顿，打破这种顽固的旧思想势力，排除陋习。正巧一名叫李蟠的喜欢古文的学生以弟子之礼向他求教，韩愈就写《师说》一文，公开提出自己的观点。这一观点在教育领域思想斗争中，对于当时士大夫的旧思想旧习气是一次极大的冲击。

此文虽然表面上是为李蟠而作，其实是借此来抨击当时所谓的世禄之家（士大夫之族）。他们自视门第高，不需要依靠科举进入仕途，因此便看不起人，既不肯奖励后进，也不推崇前辈，他们自以为是最“高贵”的人，是“学道”的人，看不起艺人，其实是不学无术、自高自大、不肯从师学习的人。在这种官学衰落、世风日下的时代，韩愈能够不顾流俗嘲讽，重振师道，积极提携和教诲后生，经过他的指点，涌现出了李翱、皇甫湜、张籍等一批人才，时称“韩门弟子”。韩愈积极培养人才，不断探讨教育理论问题，形成了相对系统、完整的教师观思想体系，这些思想不仅丰富了教师观，而且对于当代青年人形成正确的师生观有深刻的启示。

2. 主题宗旨

韩愈以儒学“道统”继承者自居，其文学创作以宣扬儒道为基调。他理论的出发点是“文以明道”，即以儒家精神作为文章的思想内核。脍炙人口、千百年来一直流传的《师说》一文也不例外。韩愈的《师说》是中国教育史上的宝贵遗产，它是中国古代第一篇集中论述教师问题的名著。他在文章中集中阐述了尊师重道的思想，论述了师道的重要性。他认为，教育的过程是个“先觉觉后觉，先知传后知”的过程，教师闻道、授道在先，因而学生要学习、体认仁义之道，就必须尊敬师长，重视师道。

韩愈的《师说》是中国古代第一篇集中论述教师问题的名作，作为教育史上的经典之作，他的师道观思想在教育思想发展史上占有重要的地位，有其深刻的现实意义。通读全文可以发现，他继承了我国古代尊师爱生的优良传统，总结和发展了历代教育家关于尊师爱生的思想，并结合自己的教育实践经验，从教师的作用、任务、择师标准和师生关系等方面，或者是说从师与道、道与业、师与生等方面，全面地论述了教师问题。"尊师重道"是《师说》全文的中心论点，也是韩愈写作《师说》的根本目的。

此外，文中提出的"师者，所以传道授业解惑也"也包含了丰富的意义：第一，表明了在教学过程中强调教师的主导作用，它的影响延续到现在；第二，突破了一般人对教师作用认知的局限，把教师职责从"授之书而习其句读"一举扩大到"传道授业解惑"，打破了传统师法森严的壁垒，把"师"和"弟子"的关系社会化，提出了全新的"师道"思想，即只要具有为师的学识和能力，人人都可以为师。这种全新的择师观念拓宽了教师的领域，表现出一种良好的学习风气及不耻下问的胸襟，鼓励着人们思想和文化之间的积极交流。

（二）《师说》教育章句导读

1. 教师的作用

韩愈开篇就阐明教师的作用。韩愈说：

古之学者必有师。

人非生而知之者，孰能无惑？惑而不从师，其为惑也，终不解矣。

文章开头就提出"古之学者必有师"，来说明教师对"学者"的重要作用。他总结历史经验得出一个结论，即自古以来任何一个人的知识学问，都是从老师那里学来的。也就是说，任何一个人如果没有老师的教诲和指导，是不能成为有才智的人的。他认为生而知之者是不存在的，因此孰能无惑？如果"惑而不从师，其为惑矣"，这种人是一辈子不能聪明起来的。在这里，他充分肯定了教师的作用和学习的重要性。明确教师是人类文化的传承者，对人类社会的延续和发展，起着不可替代的桥梁作用。本文由“人非生而知之者”出发，肯定“学者必有师”。在唐代中期“不闻有师”的社会条件下，这种观点是有重要意义的。

（1）否定“生而知之”论

“人非生而知之者”的论点，意味着人不是一生下来就懂得道理的，谁能没有疑惑？有了疑惑，如果不跟老师学习，那些成为疑难的问题，就始终不能解开。有的人认为韩愈这种直接否定“生而知之”的观点，是与儒家思想有出入的，其实不然，从孔子的《论语》中我们可以看到，事实上，孔子并不是“生而知之”观点的推崇者，而是后世人们对孔子观点的片面理解罢了。儒家的祖师孔子确实曾经说过这样一段话：“生而知之者，上也；学而知之者，次也；困而学之，又其次也；困而不学，民斯为下矣。”[1]这句话的意思是说，那些生下来就知道道理的人是上等的人；经过主动学习然后知道道理的人是次一等的人；在实践中遇到困难后才去学习道理的人，是再次一等的人；而遇到困难后还不知道学习的人是最末等的人。这是孔子在学习态度上将人划分的四个等级，而不是在人学习天分上的划分。并且孔子也说过：“我非生而知之者，好古，敏以求之者也。”[2]所以孔子也是否定“生而知之”论的。但是，后世人却对此进行了断章取义，他们只看到了孔子的第一句，而忽视了其他几句，所以后世许多人就把孔子看成是“生而知之”的圣人。同时，这种说法也成为后世那些不学无术之辈投机取巧、不屑从师的借口。孟轲则进一步发展这种“生而知之”的思想，认为圣人是先知先觉者，可以不学而能，不虑而知。历史上，唯物主义思想家曾与这种唯心主义先验论思想进行了斗争。韩愈结合唯物主义思想家的思想和自己对社会普遍观察的结果，得出了“人非生而知之者”的观点，否定了“生而知之”，强调了后天学习的重要性，从而使“学者必有师”这个观点有了充分牢靠的理论

[1] 陈晓芬译注．论语·季氏[M]．北京：中华书局，2010．202．

[2] 陈晓芬译注．论语·述而[M]．北京：中华书局，2010．81．

依据。就这一点来看,《师说》在认识论上靠向了唯物主义。

(2)教师的作用

既然人非生而知之者,人人都有不知道的事情,人人就都有学习的必要。如果有疑难而不肯学习,疑难不会自行解决,只会长期存在。所以人必须学习,一定要有教师的指导,教师是人类社会一种必不可少的职业。众所周知,人类的文化经验是不可能通过遗传的方式获得的,而只能通过传播的方式才能继续发展下去。教育的产生就是为了满足这方面的需要。在人类历史的发展过程中,教育作为一种文化的“社会遗传”机制,承担着文化“传承者”的角色。文化传递是需要在一定的社会关系之上才能实现的。而教师在此过程中扮演着传承文化使者的重要角色。教师让每一个学子从“有惑”到“无惑”,从“不知”到“知”,从懵懂、不通事理到成为成熟的、发展的社会“人”。所以韩愈说:

嗟乎!师道之不传也久矣,欲人之无惑也难矣。古之圣人,其出人也远矣,犹且从师而问焉,今之众人,其下圣人也亦远矣,而耻学于师。是故圣益圣,愚益愚。圣人之所以为圣,愚人之所以为愚,其皆出于此乎?

意思是说,古代的圣人,他们超过一般人很远,尚且还要跟从老师学习,现在的人,他们低于圣人很远,却以向老师学习为耻,所以圣人就更加圣明,愚人就更加愚昧。圣人之所以成为圣人,愚人之所以成为愚人,其原因大概就是因为这个吧!是否从师学习决定一个人是“圣人”还是“普通人”,由此可见教师的作用是非常重要的,所以韩愈对这种耻学于师的不良风气进行了尖锐的批判,极力倡导尊师。

(3)倡导尊师

早在《学记》中就有对尊师的记载,如:“大学之礼,虽诏于天子无北面,所以尊师也。”汉代郑玄注曰:“尊师重道焉,不使处臣位也。”自然,这里的“尊师”是由于“重道”,而教师是“授道”之人。魏晋南北朝时期,由于连年战乱,学术中心逐渐由京师的太学转移至各世家大族。当时的太学连续多年不进行人才的选拔，即使选拔出太学博士，往往也“学多褊狭，又不熟悉，略不亲教，备员而已”，由于“博士轻选”，所以“高门子弟，耻非其伦，故无学者”。士族子弟往往在家庭中接受教育，这种风气一直沿袭到隋唐时期。到韩愈这个时代，士人普遍以从师向学为耻：“今之世，为人师者众笑之，举世不师，故道益离；为人友者，不以道而以利，举世无友，故道益弃。”[1]略早于韩愈的吕温，在高度肯定两汉的讲习师风后，指出：“魏晋之后，其风大坏。学者皆以不师为天纵，独学为生知，译疏翻音，执疑护失，率乃私意，攻乎异端。以讽诵章句为精，以穿凿文字为奥。至于圣贤之微旨，教化之大本，人伦之纪律，王道之根源，则荡然莫知所措矣。其先进者亦以教授为鄙，公卿大夫耻为人师，至使乡校之老人，呼以先生，则勃然动色。痛乎风俗之移人也如是！”[2]对此，韩愈也是深有同感，主张尊师。

韩愈观察了社会中各种职业的人学习的不同情况，经过分析比较指出：

巫医、乐师、百工之人，不耻相师。士大夫之族，曰师、曰弟子云者，则群聚而笑之。问之，则曰：“彼与彼年相若也，道相似也。”位卑则足羞，官盛则近谀。呜呼！师道之不复可知矣。

巫医、乐师、百工之人，君子不齿，今其智乃反不能及，其可怪也欤！

他认为“巫医、乐师、百工之人，不耻相师”的这种做法合理，比士大夫们表现得更为明智，这也导致了巫医、乐师、百工之人和士大夫这两类人在智慧上存在差异。士大夫以“年相若”“道相似”“位卑”“官盛”为借口，不去从师，导致才能、智识低。由于学习、相师，巫医、乐师、百工之人的智识才能超过那些对他们不屑与不耻的士大夫。可见，从师学习是多么的重要啊！由此观之，士

[1] 柳宗元. 柳河东集·师友箴（上）[M]. 上海：上海古籍出版社，2008. 341.

[2] 全唐文（六百二十七卷）吕温·与族兄皋请学春秋书[M]. 北京：中华书局，1983. 6332.

大夫应当矫正“耻学于师”的不良心态，形成相互学习的新风气，相互学习不限于同辈朋友之间，也要实行于教师学生之间。韩愈认为，师、弟子之间的这种“相师”的行为是值得提倡的。

2. 教师的任务

韩愈继而明确了教师的任务：

师者，所以传道、授业、解惑也。

自古以来，关于教师工作任务的言论和事例不少，如孔子，他以教师为职业，教导学生们要“笃信好学，死守善道”，他向学生传授《诗》《书》《礼》《乐》，回答学生们提出的问题，虽然他没有具体规定教师的任务，但实际上是在做传道、授业、解惑的工作。韩愈总结了以往教师工作的经验，提出教师的任务，仅仅十一个字，却把教师的任务概括得非常全面，这三项任务是特定时代和阶级的产物。

（1）“传道”

“道”是中国古代哲学的一个基本的概念，最早出现在春秋时代，子产提出“天道远，人道迩，非所及也，何以知之？”[1]这里的“天道”是指天体运行的规律，“人道”则是指做人的准则。后世儒家逐渐把“道”规定为封建社会的伦理纲常。如汉代董仲舒提出：“道之大原出于天，天不变，道亦不变。”[2]因此，这里的“传道”是指传授封建主义的政治伦理道德，儒家的仁义之道，这就要求人们按儒家的仁义之道去自修，以达到治国平天下的目的。从现代意义讲，“道”不仅仅包含儒家之道，还包括从古代到当代人类所创造的各种文化成果。“传道”即传承文化，使文化世代相传，生生不息。教师应掌握“道”，忠于“道”，博学多才，只有具备了这些条件，方能为人师。

[1] [清]洪亮吉. 春秋左传诂·卷十七昭公十八年记[M]. 北京：中华书局，2004. 731.
[2] [汉]班固. 汉书·卷五十六·董仲舒列传第二十六[M]. 北京：中华书局，2008. 568.

（2）“授业”

“授业”，即讲授《诗》《书》《易》《春秋》等儒家经典，使学生掌握一定的古籍文献，具有一定的读写能力，受到知识和技能方面的教育。

（3）“解惑”

“解惑”，即在教育教学中，解答学生在学习“道”与“业”的过程中所提出来的疑难问题。韩愈一生学道好文，二者兼营，故往往并言之。

这三项职责与任务意味着，教师在教学中必须使学生掌握一定的古文典籍和儒家经典，受到文化知识技能方面的教育和仁义道德的教育，使其具有一定的读写能力、生存常识和做人的基本准则，并通过不断解答学生在学习过程中出现的在“道”与“业”方面的疑惑，使学生悟道、学道，最终达到使儒家道统代代相传的目的。他认为，教师在教学中只有做好了这三方面，才算是较完整的教学。用今天的话说，就是首先要对学生进行思想道德教育，其次是文化知识教育，最终达到发展学生的智力的目的。三者的地位摆得也很清楚，第一位的是传道，其次是授业，最后是答疑。三者中以传道为本，以授业、解惑辅之，传道是主导方面，授业为从属方面，“道”统率“业”，“业”体现“道”，业是为道服务的，道比业更具根本性的意义。所以教师最终传授给学生的不是“业”而是“道”，他说：“彼童子之师，授之书而习其句读者，非吾所谓传其道、解其惑者也。”这里所说的“授之书而习其句读者”，即指在授业中只教授最初级的知识，这是韩愈所不耻的，可见传道在韩愈教师任务思想中的地位。

由于“道”的主要内容是儒家的仁义思想，这就规定了教师的实际政治作用是为封建统治者服务。他认为只有完成这三方面的任务，才配称作教师。实践证明，在任何社会里，乃至今日，教师的根本任务，都不外乎这三方面。只不过由于历史时代不同，所传之道、所授之业、所解之惑，其具体内容不同而已。一个教师如能完成这三方面的任务，就完成了教师的职责，否则便是失败，这是教师工作中一条普遍的规律。

3. 择师的标准

（1）以“道”为择师标准

生乎吾前，其闻道也固先乎吾，吾从而师之。生乎吾后，其闻道也亦先乎吾，吾从而师之。吾师道也，夫庸知其年之先后生于吾乎！是故无贵无贱，无长无少，道之所存，师之所存也。

由此观之，他把是否具有“道”作为选择教师的标准。

然而这种思想，在科举盛行、文学风靡的唐代，却早已被人抛弃，不再以是否具有“道”为求师的标准。武则天执政时，选择教师更无标准可言，任命学官不根据真才实学，学官空有其名，无教学之实。德宗时虽有不同，但任用学官“多循资序，不考艺能”，任用教师无公开的标准，所以一般人对教师也不看重。面对当时由贵戚或凭年资来当学官，以社会地位和资历作为择师标准的不良风气，韩愈极力反对。韩愈在这里明确指出，教师教学的主要任务在于“传道”，学生学习的主要任务在于“学道”，所以能否当教师也就要以“道”为标准来衡量。谁先闻道，谁就有条件传道。年龄比较大的，闻道在先，可拜他为师；年龄比较小的，闻道在先，也可拜他为师，这样做就完全以“道”为师。因此不论一个人年龄大小，也不论其社会地位贵贱，凡有“道”就可以为师，“道之所存，师之所存也”。学生“从师”，即“从师道”，是向老师学习其“道”。为人师，必须忠于“道”，必须传道卫道。

（2）“道”与“业”的关系

韩愈认为衡量教师的标准，首先是“道”，其次是“业”。凡是具备了“道”和“业”的，就可以做老师，教师就是要在“道”与“业”两个方面加强自己的修养。而面对当时世人将“道”与“业”的顺序颠倒，只学习简单知识而不学习“道”的现象，韩愈明确地指出，那些只教粗浅简单知识而不传道、授业、解惑的老师不是他心目中的好老师形象，他说：

彼童子之师，授之书而习其句读者，非吾所谓传其道、解其惑者也。句读之不知，惑之不解，或师焉，或不焉，小学而大遗，吾未见其明也。

他认为，那些只教学生读书、断句，拘泥于书本，从事简单的文字教学，而不传授道理，难以帮助学生解决疑难问题的教师不是好老师，这样的教师是不具备“传道”资格的。在这里，我们要清楚地看到，首先，韩愈不是反对基础知识教授的，基础知识是人们学习一切知识、道理的先决条件与基础，但仅停留在基础上是不够的，我们还要学习知识背后深刻的道理，理清事物形成与发展的相关脉络，分析成因，解决心中的疑惑，这是更高层次的学习，也是学习的最终目的，是每一个人毕生应树立的最高学习目标。

如前所述，在韩愈看来，“授之书而习其句读”是指“授业”方面，即学习儒家经典篇章、字词、语段。这种老师只是达到教书的基础层面，没有达到起沟通“道”与“业”之桥梁作用的解惑层次，更没有达到传授“道”这一最高层次，三者三位一体，不可分割。所以这样的老师不是韩愈心目中理想的老师，而对于学习者选择教师这个方面来说，“句读之不知，惑之不解，或师焉，或不焉”，不理解书上的字句，就不能解答疑惑，而这其中的重点在于强调学习的目的不仅是认字读书，更在于体道、悟道。然而颇具有讽刺意味的是，世人只是向老师学习“句读”，只是背诵昔时贤文，而对于更高层次的“道”的方面的知识却不向老师学习，所以韩愈说“小学而大遗”，只是学习小的基础层次，而没有学习体会书中的精微道理、事物的规律，可谓是丢了西瓜捡芝麻。可见韩愈发出的“吾未见其明也”的感叹是多么的沉重呀！韩愈的这种感叹又在另一句中得到了印证，表现出他对家长在从师态度上的两面性的尖锐批判：

爱其子，择师而教之，于其身也，则耻师焉，惑矣！

意思是说，喜爱他们的孩子，希望他们长大之后能够出人头地，做官报国，所以选择老师教他们的孩子读书。而对于自己，认为已经识得了几个字，读了几本书，没有必要再跟从老师学习简单的书本知识了，就以从师为耻。在他们眼里，老师只具有“业”这方面的基础知识，只有乳臭未干的童子才需要学习，像他们这样的成人再去从师学习会被他人误认为智力上有缺陷，所以不从师。可见，他们对老师学识的理解是多么的肤浅，这也揭示出他们没有成为圣人的根本原因。

总之，韩愈认为可以为师者，不在于其年龄的大小和地位的高低，而在于其懂得的“道”比自己早或比自己多，师其“道”也。由于他把“道”作为衡量和选择教师的根本标准，教师必须要有“道”可传，如果无道可传便无师可做。同时教师是传道的载体，不可轻视，在韩愈看来，在师生关系中起决定作用的，不是师生各自处的地位，而是谁先闻道、持道。因此，他要求做一个教师首先对“道”要有坚定的信念。这个认识是很深刻的，对今人具有启发意义。当然，韩愈要求教师要信守的是儒家之道，这是不足为训的。

4. 师生关系

（1）学无常师

韩愈主张“学无常师”。如前所述，从师学习的标准是是否具有“道”，只要有“道”，就应该向其学习，教师不是固定不变的。这种教育思想是有历史渊源的。《尚书·咸有一德》已有“德无常师，主善为师”[1]的主张，有善德的人，即以之为师。孔丘提出“就有道而正焉”[2]，也是主张学无常师。其弟子子贡曾说：“文武之道，未坠于地，在人。贤者识其大者，不贤者识其小者。莫不有文武之道焉。夫子焉不学？而亦何常师之有？”[3]这就较具体地提出学无常师的主张。他在文章中说：

圣人无常师。孔子师郯子、苌弘、师襄、老聃、郯子之徒，其贤不及孔子。

[1] 尚书·咸有一德[M]. 郑州：中州古籍出版社，2010. 100.
[2] 陈晓芬译注. 论语·学而[M]. 北京：中华书局，2010. 13.
[3] 陈晓芬译注. 论语·子张[M]. 北京：中华书局，2010. 235.

他举出孔子向郯子（请教官名）、苌弘（请教音乐）、师襄（请教鼓琴）、老聃（请教礼）学习的历史事例，说明应该向一切有专长的人学习，无论他们地位是否比自己低，才能品德是否比自己差，只要他们有高于自己的优点和长处，就要发挥不耻下问的精神，积极向他们学习，善于学习他们的长处，只有这样，才能成为“圣贤”。

继而韩愈又引用了孔子的观点，他说：

孔子曰：“三人行，则必有我师。”

每个人都有自己的优点与长处，所以要向身边一切人学习。这种观点的提出在不闻有师的社会条件下，当然会感到骇人听闻，但韩愈借用孔子的事例来加强论据，使士大夫们无法加以否定。同时也进一步说明了人应该虚怀若谷，博采众家之长，兼容并包，融会贯通，方能体认仁义之道，成为圣贤之人。韩愈提出以道为师、学无常师的主张，在当时对于打破士大夫们妄自尊大的心理，促进思想上和学术上的交流，具有一定的积极意义。

（2）平等的师生关系

韩愈论述圣人无常师，并以孔子为例，其目的是得出以下三条结论：

是故弟子不必不如师，师不必贤于弟子，闻道有先后，术业有专攻，如是而已。

一是“弟子不必不如师”。既然学生不一定不如老师，当然学生就完全有可能，而且也应该超过老师。就是说，学生是暂时的或在某些方面不如老师，从根本上来讲，教育的目的就是要帮助学生实现自我的全面发展，从长远发展来讲，学生在某些方面一定能超过老师，这是对孔子“后生可畏”思想的继承和发展，也是对荀子“青出于蓝而胜于蓝”思想的体现。尊重老师、敬爱老师，不等于唯唯诺诺，唯师是听，唯师是从，而应该敢于指出老师的缺点和错误，敢于超过老师。孔子说过“当仁不让于师”，教导学生在“仁”的面前不分师生，一律平等。这个思想堪与亚里士多德的“吾爱吾师，吾更爱真理”的命题相媲美。在学习的过程中，学生所接触的知识面越来越宽广，内容难度也逐步加深，他必然在向上发展进步，因此是能够超过老师的。所以说学生既要虚心向老师学习，也要敢于超过老师；教师同时也要鼓励学生这种敢于超越教师的思想，激发学生的学习积极性。同时这也说明教师不是完人，破除了对教师的盲目迷信，解除了旧观念。

二是“师不必贤于弟子”。教师不是圣人，教师受其学科专业限制，不可能事事精通，他只不过是学习的时间较早，知道的知识较多。既然老师不一定处处事事都比学生高明，当然做学生的对老师就不能求全责备，要虚心向老师学习，学其所长。同时，做老师的也不应满足于自己已有的知识，更不要不懂装懂，要尊重学生，也要向学生学习，在业务上要学而不厌，精益求精，继续不断地补充和完善自己，紧跟时代步伐，带给学生全新的知识，只有这样，方能适应教学的要求。这是对孔子“学而不厌，诲人不倦”思想的继承与发挥。

三是“闻道有先后，术业有专攻”。既然人们闻“道”有早晚，在学业与技能上各有所长，当然闻道在先，学有专长，就可以为师。因此，在一定条件下，老师比学生懂的道理要早一些，多一些，在某方面学有专长，做学生的向老师学习是必然的。同时，学生在老师的启发教导下，也在不断地提高，在某方面会有独到之处，甚至有所专长，因此，教师向学生学习也是必要的，是有益的。这就是说，师生之间的关系不是绝对的，而是相对的，是可以相互转化的，即师生之间可以互相为师。这是对荀子以来儒家所倡导的“师道尊严”，维护教师的绝对权威思想的一种辩证否定，也打破了儒家“天地君亲师”伦理关系中“师”具有神圣地位的观念，其中包含的辩证法的因素与民主的思想是难能可贵的。它体现了韩愈教育教学理念中极具个性化的地方，也体现了韩愈尊重“道”，尊重知识、真理和在知识、真理面前人人（师生）平等的人性化教育教学理念，教师与学生完全超越了外在的身份。

这三点也体现了教学相长的思想。教学相长思想由来已久，《学记》中就有明确的论述，“虽有嘉肴，弗食不知其旨也；虽有至道，弗学不知其善也。是故学然后知不足，教然后知困。知不足，然后能自反也；知困，然后能自强也。故曰：教学相长也。”[1]说明师生之间要时常保持沟通对话，相互学习，共同进步。教师对学生的教育活动是一项主体与主体的交流活动，我们不能把它看作是单向的知识传授过程，而应是双向的交流过程。另外，学生也可能在某些方面比教师强，因此，师生间时常交流可以帮助双方发现更多的问题并一起解决，这样不仅使得师生共同进步，还能培养学生的自信心，激发其探索问题并追求真知的热诚。所以说师生之间应是相互切磋、共同辩论的。

从上面的论述中可以看出，韩愈既肯定了教师在传道、授业、解惑方面的主导作用，又强调了教师要尊重学生，要向学生学习；既要求学生要虚心向老师学习，又鼓励学生要敢于超过老师；既提倡要乐为人师，勇为人师，又宣传不耻下问，虚心拜人为师。在新的社会背景下，教师对知识的先知先得和垄断被彻底打破了。教师不能再以枯燥说教和硬性灌输的方式对学生进行“传道”，教师必须与学生展开平等对话，启发和引导学生开发自己的思维，参与到讨论的过程中，通过开展学生喜闻乐见的活动，让学生体验生活，感悟人生，建构自己的知识观。教师不应当以“传授者”自居，把受教育者当成知识的“容器”，忽视了受教育者作为完整的人的知识、情感、意义与价值，而导致师生关系中人性的失落。总之，师生关系是学校教育中最基本的人际关系，良好的师生关系可以优化教学活动，提高学生的学习兴趣，有效地推动教师教学工作的顺利展开。因此，韩愈认为师生关系应是相互学习的关系，需要营造一种和谐、民主、平等的学习氛围，给予学生自由成长的空间。这种师生关系是值得后人提倡和发扬

[1] 高时良.学记研究[M].北京：人民教育出版社，2006.1.

的。这也是他教育思想的独特之处。

韩愈的师生观给予我们极大的启示：首先，它为我们正确认识尊师爱生观念提供了重要的思想指导。它的正确之处在于学生必须尊敬师长，重视师道；另一方面，教师也要热爱学生，尊重学生。韩愈对尊师爱生思想的正确定位，为我们今天正确认识师生关系，科学创建民主进步的师生关系，提供了重要的理论指引。其次，提出师生间应该营造和谐的学习气氛，给予学生自由成长的空间。最后，它指引着我们继承并发扬“教学相长”的思想。

总之，韩愈在阐述教师的任务、择师的标准及师生关系的问题时，看到了道与师、道与业、师与生之间的既矛盾又统一的关系，包含了朴素教学辩证法的思想。他提出教师既应忠于理性、传播真理，又要学有专长、认真授业。他暗示了教师既要起主导作用，又要重视教学相长、能者为师。他还认为教师应“以一身立教，而为师于百千万年间，其身亡而其教存”[1]，必须为人师表，以身作则。这就要求教师具有高尚的思想道德品质，渊博扎实的知识基础，严谨求实的学风教风。这些卓越的见解，不但大大丰富了我国古代教师理论，而且对我们今天正确理解教师的责任，正确处理政治与业务、德育与智育、教书与育人、教师与学生之间的关系，具有一定的参考价值与启发意义。

但是，任何理论和知识都不是绝对的真理，都不具有绝对的正确性和永恒性，它存在的合理性是受其时代和条件制约的。

首先，韩愈提出以“传道、授业、解惑”作为教师的任务，强调教师的主导作用，教师对学生有绝对的教育权、控制权，忽视学生的主体作用，教师过分看重“传”和“授”，而忽视“引”和“导”。

其次，过分强调“道”和“业”，强调通过一种整齐划一的教育体系传授给

[1] 韩愈. 韩昌黎全集·通解[M]. 北京：北京燕山出版社，1996. 941.

一代又一代人，来巩固中央集权，维护儒家道统。他的这种以儒家道统为主导，对其他文化进行排斥的做法在全球化的今天显得有些不合时宜。

再次，存在轻视劳动人民的阶级偏见。他虽然提倡“学无常师”，但受到孟轲“劳心者治人，劳力者治于人”的思想影响，带有封建士大夫的优越感，看不起劳动人民，认为劳动人民是下等人。他说：“巫医、乐师、百工之人，君子不齿，今其智乃反不能及，其可怪也欤！”他视劳动人民为下贱愚昧的人，根本不值一提，以下贱者的事例来激励高贵者重视从师问道，并把学习的范围局限在士大夫范围里，这是对劳动者的不公。

回首过往，在当时官学衰落、世风日下、人们耻于从师的背景下，韩愈愤然不顾流俗的嘲讽，重振师道，乐为人师，积极教诲和提携后生，吸引并鼓舞了许多青年学子，人们竞相向韩愈求学讨教，以做韩门弟子为荣，培育了一批以李翱、张籍为代表的优秀人才。但韩愈也因此招致了许多顽固分子的反对，更因此遭到当权者的不断排挤，韩愈更是得了“狂名”之称。柳宗元在《答韦中立论师道书》中谈到这个轰动一时的事件：“今之世，不闻有师，有，辄哗笑之，以为狂人。独韩愈奋不顾流俗，犯笑侮，收召后学，作《师说》，因抗颜而为师。世果群怪聚骂，指目牵引，而增与为言辞。愈以是得狂名。”[1]韩愈与众不同，接待后辈，名之所存，谤也随之，庸俗之见的存在，使整个社会关于师道的思想斗争更为激烈。韩愈不畏攻击毁谤，以《师说》为宣言，坚持主张，敢为人师，这种作风造成较大的社会影响，使得社会风气逐渐转变，因此《师说》起了解放思想的作用，具有进步意义。有学者在谈到韩愈时这样评价：韩愈是封建社会称职的教育家，也是我国教育史上不可多得的人才，在中国两千多年的教育史上，孔丘而下，首推韩愈。

“师”“道”二字为《师说》的灵魂，韩愈强调师与道的统合，不仅着意于

[1] [清]张伯行.唐宋八大家文钞·答韦中立论师道书[M].北京：中华书局，2010.47.

从师而学与传承道统这一继承性，其根本目的仍是要重建儒家的文化，使现实中的人成长为儒家理想中的人，这是韩愈倡导从师学道的终极目标。他认为从师学道的意义在于通过师的传道、授业、解惑让人学做圣人，建立对现实社会的责任感，从而从根本上与佛教所谓的“治其心，而外天下国家”相分离。韩愈的这种尊师重道的思想既是他维护儒家道统思想在教育领域的表现，又是针对中唐以来教育事业中出现的种种流弊提出来的，这种思想不仅在当时起到了振聋发聩的作用，而且至今仍闪耀着光芒。但同时，在新的时代，新的潮流下，我们对韩愈的思想应批判地继承，吸收精华，也要对其不合时代的观点进行纠正和更新，使其更好地为我们所用。

名著之四：《进学解》

（一）名著概览

1.《进学解》的问世

本文写于元和七至八年间（公元812—813年），韩愈因替人辩护而降为国子博士，因心中不平而作此文，聊以自慰。在这个战乱不断的社会中，武将有用武之地，文士却日渐受到排挤，连科举考试这一当时士人赖以跻身仕途的主要途径也日显艰难。由于进士录取人数少，加之任职之路关卡重重，因此士人竞争十分激烈。在此情况下，科举取士的诸多弊端便开始显现出来了，如请托、诽谤之风盛行，讲究门第、门阀的观念也日渐根深蒂固。这种社会风气致使有真才实学的人得不到重用，埋没了不少人才。

2. 主题宗旨

《进学解》这部教育散文以师生对话的形式和比喻的方式，集中论述了学习态度、学习方法、选拔人才和韩愈自己对于卫道、治学、做人、写作等方面的见解以及取得的成就。其中有许多精辟的见解，至今仍有重要的意义。特别是文章用对话形式，以自嘲为夸，以反语为讽刺，对当时社会的庸俗腐败进行辛辣的嘲讽，表现出一个有理想的士大夫在黑暗现实中不妥协的可贵精神。

一句“业精于勤，荒于嬉；行成于思，毁于随”是他多年治学经验的总结，来说明学习应遵循的规律，并且运用许多生动具体的实例阐释“精”和“思”的问题。通过介绍儒学经典和古代文献名著的精要，为学生理出头绪，提出“沉浸醲郁，含英咀华”“贪多务得，细大不捐”等多种学习方法，并用具体、生动、形象的比喻说出选材之要。其中，老师训诲学生勤于学业，勉励生徒刻苦学习，求取进步，叫“进学”，学生提出疑问，老师给以解答叫“进学解”。

文中所描写的学问精深、德行高尚、信念坚定，但又历尽坎坷、屈居下位的国子先生形象是作者心目中的理想人物，也是作者的自我写照。文章中既有学习、修养经验的介绍，又隐含对社会的批判。“无患有司之不明”，“无患有司之不公”，表面上是为当时的统治集团辩护，事实上则是指出了当时所存在的对于人才任用上的“不明”“不公”现象。同时也是对当时唐王朝吏治不明，执政者不识贤愚的一种批判。

（二）《进学解》教育章句导读

1. 学习态度

关于学习态度的问题，文章一开头便写道：

国子先生晨入太学，招诸生立馆下，诲之曰："业精于勤，荒于嬉；行成于思，毁于随。方今圣贤相逢，治具毕张，拔去凶邪，登崇俊良。占小善者率以录，名一艺者无不庸。爬罗剔抉（jué），刮垢磨光。盖有幸而获选，孰云多而不扬？诸生业患不能精，无患有司之不明，行患不能成，无患有司之不公。"

"国子先生"在这里是韩愈的自称，当时他任职国子博士。唐朝时国子监是设在京都的最高学府，附设国子学、太学等，各学置博士为教师。"太学"在这里指国子监，唐朝的国子监相当于汉朝的太学，此处沿用前代旧称。"诸生"指在国子学中就读的学生。"馆"指学舍。

（1）德业兼修

文章开篇，韩愈就对学生提出较高的要求，指出学生不仅要注意习业，还要重视修德，应当德业兼修。他说："业精于勤，荒于嬉；行成于思，毁于随。"提出实现德业兼修的方法，学业的精湛在于勤奋，而荒废学业则由于贪玩；德行的成就在于思考，而败坏则由于盲目随俗。韩愈强调一个人要着力于"业精""形成"，即在学业上要做到"精"，在品德上要做到"成"。要使学业精益求精，最根本的前提条件是勤学，否则懒惰贪玩，终日嬉游，不肯努力用功，终至学业荒废。要想使品德上有所成就，凡事要三思而行，否则放荡成性，随意而为，随波逐流，不认真深思，必然品德堕落。同时也说明，道德修养的关键在于从主观上提高认识，需要个人深入认真地反省思考。德行的成就在于认真深思，毁坏就在于放任自弃。因此应当经常与道德规范进行对照而反思自己的行为，对不合仁义规范的行为，即使没有造成严重的后果，也应当感到后悔，防止再犯。韩愈认为，在道德面前有君子和小人之别，不成为君子，便沦为小人，一切取决于自己。人人都有共同的天赋道德，有人能发扬之成为圣贤，有人却不能培养扩充，只是众人而已。所以，他要求每个人要在主观上保持一种上进心，努力成为圣贤。这确实是千古名言，不易之真理，同时也是具有规律性的，话虽不多，却抓住了要领。

然而无论是进德还是修业，都要严格要求自己。在业务方面要精通，在品行方面要成德。当时在科举的影响下，在知识分子只追求名利、道德水准普遍下降的情况下，这样的要求是较高的，起了警醒与纠偏的作用，同时这句格言式的警句凝聚着作者治学、修德的经验结晶，闪烁着绝代英才之智慧，对后世学者也有启发，因此许多人录为格言，鞭策自己进德修业。

（2）“无患有司之不明”“不公”

韩愈论述了要求同学们进德修业的原因在于只有这样，才能得到朝廷的重用。他说，当今圣君与贤臣相遇，各种法律全部实施，拔出凶恶、奸邪之人，提拔优秀人才。具有一点长处的人都已经被录用，因为精通一种经书而出名的人同样被重用。仔细地搜罗人才，改正他们的缺点，发扬他们的优点。只有才行不够而侥幸被选拔上来的人，哪里会有学行优长却没有被录用的人呢？这里所谓的“圣贤相逢”“登崇俊良”等等，是韩愈的理想，而现实却是“有司之不公”“不明”。但他鼓励学生努力进取，力求精进，忠于所事，力求有成，不要过多地考虑政府是否公正，过多地考虑个人能否被录用，得到较好的地位。所以韩愈说：“诸生业患不能精，无患有司之不明。行患不能成，无患有司之不公。”意思是说重要的是诸生要考虑学业不能精进，担心自己的德行不好，而不要埋怨政府不明察，害怕政府不公正，不能录用自己。不必太在意日常生活中的得与失，只要切实保持“勤”与“思”的习惯，坚持自己求学、为官的初衷不变就行。教育学生要“不患”，即不应用心于用人者“公”“明”与否，当求其在己，不必诿责于人。

韩愈鼓励学生努力上进，不过多地去考虑社会的不公，要把修德进业作为安身立命的根本，这和《论语·里仁》里的“不患无位，患所以立。不患莫己知，求为可知也”[1]的思想是相契合的。韩愈还举出孟轲和荀子的一生行事，来勉

[1] 陈晓芬译注．论语·里仁[M]．北京：中华书局，2011．44．

励学生。他说：

昔者孟轲好辩，孔道以明，辙环天下，卒老于行。荀卿守正，大论是弘，逃谗于楚，废死兰陵。是二儒者，吐辞为经，举足为法，绝类离伦，优入圣域，其遇于世何如也？

意思是说，由于孟轲喜欢辩论，孔子之道才益加明白，不过孟轲自己奔走于天下，终不见用，在途中老去。荀子守正，弘扬了儒家的伟大思想，却被人谗害，逃到楚国，死在兰陵。但是这两位儒者讲的话成为经典，他们的一举一动，足为他人法式，他们是出类拔萃者，都进入了圣人的境界。可是他们在世上的遭遇又是怎样的呢？这是韩愈对孟子和荀子二人的最高赞美，也体现韩愈要求学生精于学业，不要忧虑有司是否公平的原因。

同时，这也是韩愈在现实生活中的真实写照，韩愈对挫折与打击始终能以一种豁达的态度来对待，因此即使他被贬至荒蛮的潮州，仍积极地做好分内的事，并没有因贬官而消沉。韩愈这种遭遇悲惨困境而不屈服、备受打击而百折不挠的精神无疑给学生们树立了榜样。从学习的要求上看是积极的，有利于学生成才。但对当时的政治腐败、官吏昏聩、用人不公的现实，韩愈在文章中却加以美化，这是他消极的一面。

2. 治学方法

韩愈讲的治学方法实际上是读书方法。如何读书？他突出强调一个勤字，强调个人要努力学习。他认为人的一切知识都是通过学习而得来的，他说："诗书勤乃有，不勤腹空虚。"[1]韩愈一生就是将一切能利用的时间都花在了看书学习上，"平居虽寝食未尝去书，怠以为枕，餐以饴口。"[2]他从不离开书本。所谓：

先生口不绝吟于六艺之文，手不停披于百家之编。

---

[1] 韩愈．韩昌黎集·符读书城南[M]．北京：商务印书馆，民国二十二年版．

[2] 皇甫湜．中华再造善本·皇甫持正文集·韩文公墓志铭（唐宋，集部）[M]．北京：北京图书馆，2003．

意思是说，先生嘴里不断地诵读六经的文章，两手不停地翻着诸子百家的书籍。要做到：

焚膏油以继晷，恒兀兀以穷年。先生之业，可谓勤矣。

晚上点起灯烛继续白天的学习，总是劳累地过完一年又一年。可见韩愈所说的“勤”表现在三个方面，即口勤（多吟诵）、手勤（多翻阅）、脑勤（多思考、多体会）。韩愈勤学，至老仍然，其赠张籍诗云：“吾老著读书，余事不挂眼。”[1]他认为人要有学问，并且不断上进，都离不开勤学。韩愈指出读书学习惟有勤奋，方能有所得。这是他对前人治学经验的总结，也是自己多年治学和教学的宝贵经验。基于这一思想，他还提出了这样一些可贵的见解：

（1）“纪事者必提其要，纂言者必钩其玄”

意思是，读不同性质的书和文章，要采用不同的方法。阅读史籍一类的书籍或文章，一定要做出提要，提纲挈领，掌握要点。阅读辑录古人言论的书籍，一定要探索其要旨，着重领会书中的精神实质。这就要求我们对许多知识不应只是单纯地存储，而要领会书中的真谛，牢固掌握，为我所用。因此，必须经过思维的加工整理，对性质不同、体裁不一的著作，或提要或钩玄，有的逐段概括出要领，有的抓住书中深奥的道理。这也就指导我们，读书不在于多寡，掌握书中的实质，提要钩玄，融会贯通地应用于实际才是目的。实践证明，这种读书方法确实可以收到最佳的效果，至今仍是可取的。

（2）“贪多务得，细大不捐”

这句话的意思是，学习上永不满足，力求有所收获，知识无论大小，都力求掌握。学业的精深要以广博的掌握和积累知识为基础，否则知识浅薄，要想达到精深的地步是不可能的。学习知识不要太狭隘，受局限，知识面不妨广一些，大大小小都要收集积累起来，越多越好。韩愈认为，学习先王之道的基本

[1] 韩愈．韩昌黎全集·赠张籍[M]．北京：北京燕山出版社，1996．170．

途径是读儒家的六艺，但他不赞成把儒学理解得极为狭隘，明经科的人只背诵经典，拘于注疏；进士科的人只会诗赋，模拟文章，这都太狭隘了。他们除了学习经传文艺之外，都还应尽量扩大知识眼界。他说：“读书患不多”[1]，“余少之时，将求多能，蚤夜以孜孜。”[2]“穷究于经传史记，百家之说。”[3]韩愈的知识不局限于经传，而扩及百家，他在《答侯继书》中就说：“仆少好学问，自五经之外，百氏之书，未有闻而不求、得而不观者。”[4]这种“贪多务得，细大不捐”的学习精神为他在少年时期奠定了深厚的学问基础。因此，韩愈强调一定要博览群书，务求有所得，知识不论深浅，都要兼收并蓄。

如前所述，韩愈认为，读书不能不求甚解，不领会书中的要旨，而要在博学的基础上精益求精，抓住重点，掌握关键，形成自己的知识体系。要正确处理好博与约的关系。只有由博而求约，才能达到以简驭繁的要求。韩愈反对“学虽勤而不由其统，言虽多而不要其中”的高耗低效的现象，即掌握知识不由系统方面着手，不解其始末，抓不住要领，只掌握一些支离破碎的知识，这样的知识是没有什么用的。韩愈认为，教学时，讲很多知识，却不能抓住问题的关键所在，这都是对学生有害无益的。在读书时，虽读的数量多，但却不能掌握实质，这是没有意义的。可见他一方面要求人们广泛地学习，获得广博的知识，为以后专、精打好基础，另一方面在广博的基础上，形成自己的知识体系，达到学有所专的目的。他对博学和专精的论述是富有辩证思想的，是全面的。博学是专精的基础，专精是学习的深入；学不博就会限于偏狭，学不专就会陷于零散。只有专、精，才能使知识学习在广泛宽阔的基础上由零散上升到系统化的水平，使外在、庞杂的知识转化为自己内在、有机的知识结构。

[1] 韩愈. 韩昌黎集·赠别元十八[M]. 北京：商务印书馆，民国二十二年版.
[2] 韩愈. 韩昌黎全集·游箴[M]. 北京：北京燕山出版社，2009. 341.
[3] 韩愈. 韩昌黎集·上兵部李侍郎书[M]. 北京：商务印书馆，民国二十二年版.
[4] 韩愈. 韩昌黎集·答侯继书[M]. 北京：商务印书馆，民国二十二年版.

所以，学习首先必须博览群书，汲取广博的知识，打下坚实的、宽厚的基础；同时又要深入研习，提要钩玄，领会其实质，形成自我系统的知识体系，才能达到学有专长的目的。这一见解对我们现在也是很有启发的，当代社会，科技发展日新月异，知识领域正处在一个高度分化又高度融合的时期，社会越来越需要“多面手”，所以需要形成广阔的视野和广博的知识，同时在广博基础上还要有专长，这样才能培养和提高创新能力。

（3）“沉浸醲郁，含英咀华”

意思是说，读书不能浮光掠影，满足于一知半解，要深入理解它的精神实质。深入钻研并沉浸在典籍浓厚馥郁的香气中，细微咀嚼与体味着其中的精华。因此，对书中的重要内容要精读，要融会贯通，对书中的精华要仔细地玩味，反复体会。不仅要探索其要旨，提纲挈领，掌握要点，还要深入文本内容，细微咀嚼与体味其中的精华，不能浮光掠影，浅尝辄止。这个见解至今仍有普遍的指导意义。

那么这就需要读书人对书籍进行筛选，选择一些经典著作去读，所以韩愈说，要从经典名著中吸取精华。读书不仅要会选择，还要善于深入学习。

上规姚姒（sì），浑浑无涯；周诰（gào）、殷《盘》，佶（jí）屈聱（áo）牙；《春秋》谨严，《左氏》浮夸；《易》奇而法，《诗》正而葩；下逮《庄》《骚》，太史所录；子云、相如，同工异曲。

三代两汉之书，其内容皆渗透先王之道，各有其特点：向上取法虞、夏时代的典章，那是博大精深、没有边际的，周代的诰书和殷代的《盘庚》，多么艰涩拗口难读；《春秋》的语言精炼准确，《左传》的文辞铺张夸饰；《易经》变化奇妙而有法则，《诗经》思想端正而辞采华美，往下一直到《庄子》《离骚》《史记》；扬雄、司马相如的创作，同样巧妙但曲调各异。学习这些经典和名著，必须深入体会文章浓郁的味道，在体会其精美的文辞时，还要细细咀嚼吸收其中的精华，采撷众家之所长，师其意不师其辞，学习优秀的历史遗产，在继承传统的基础上创新。这种领会要旨、兼收并蓄的写作态度，是韩愈与众不同的独特见解，是非常值得重视的。同时要求教师根据古代典籍的特点，激发学生的学习兴趣和指导学生以简明的方法来进行学习。

（4）“闳其中而肆其外”

这是就写文章讲的，意思是说写文章不仅要内容丰富，而且要文意肆放，有自己的新意。所谓“闳其中”，即文章内容上要博大精深，博采众家之所长；所谓“肆其外”，就是写文章要有新颖见解，文意顺畅，舒展自如。那么形成自己见解的前提是要博览群书并对问题进行认真、仔细的思考，韩愈认为向古人学习，要“师其意不师其辞”[1]，要独立思考，不能尽信书本。学习古文，不必拘泥于章句文辞，要学习其中的思想以及为文的方法。反之，一味地模仿古人，只能成为别人的奴隶。不要成为谨守古人言语教条、拘泥于章句文辞、不敢越雷池半步的“章句小儒”，而应该学习古人的言论和文章中蕴含的思想及其思维方式，同时学习和思考要结合起来，“手披目视，口咏其言，心惟其义”[2]，学习的时候，感觉器官与思维器官都要动员起来，这会有助于求得书中的义理。这样在写文章的时候才能有所创新，形成自己的见解和主张。所以这就要求教师在教学过程中要引导学生多思考，勤用脑，任何时候都不能离开思考，要不断思考与反复咀嚼所学的东西，在深入思考的基础上，形成自己的观点，尤其是为文，“抒意立言，自成一家新语”[3]，立意新颖，内容丰富，文辞要挥洒自如，韩愈反对“踵常途之促促，窥陈编以盗窃”，不能跟在习俗的东西后面跑，拼凑抄袭前人一些现成的东西。他主张无论是写文章还是做学问，都要“自树立，不因

[1] 韩愈．韩昌黎集·答刘正夫书[M]．北京：商务印书馆，民国二十二年版．
[2] 韩愈．韩昌黎集·上襄阳于相公书[M]．北京：商务印书馆，民国二十二年版．
[3] 韩愈．韩昌黎集·上襄阳于相公书[M]．北京：商务印书馆，民国二十二年版．

循”[1]，“不与世沉浮”，要有自己的见解，不能流于陈词俗套。

3. 按才能选拔任用人才

韩愈在这里论述了选拔人才要量才受用的原则，他说：

夫大木为杗(máng)，细木为桷(jué)，欂栌(bó lú)、侏儒，椳(wēi)、闑(niè)、扂(diàn)、楔(xiē)(以上为组成门的各个部分的名称)，各得其宜，施以成室者，匠氏之工也。玉札、丹砂，赤箭、青芝，牛溲、马勃、败鼓之皮(以上为药材名称)，俱收并蓄，待用无遗者，医师之良也。登明选公，杂进巧拙，纡(yū)馀为妍，卓荦(luò)为杰，校短量长，惟器是适者，宰相之方也。

意思是说，要知道那些大的木材做屋梁，小的木材做瓦椽、斗栱，梁上短柱，做门臼、门橛、门闩、门柱的，都量材使用，各适其宜而建成房屋，这是工匠的技巧啊。贵重的地榆、朱砂，天麻、龙芝，车前草、马屁菌，坏鼓的皮，全都收集，储藏齐备，等到需用的时候就没有遗缺的，这是医师的高明之处啊。提拔人才，公正贤明，选用人才，态度公正。灵巧的人和朴质的人都得引进，有的人谦和而成为美好，有的人豪放而成为杰出，比较各人的短处，衡量各人长处，按照他们的才能品格分配适当的职务，这是宰相的方法啊！通过列举工匠、医师、宰相按木材、草药和人才不同特质来应用的事例，来说明量才受用的巨大作用。

韩愈认为，不论什么样的人都有特长，但才有高低，术有短长，只要有识才之人，就可以用其所长，发挥作用，否则未能见用，不是人才不好，而是不遇明世。他这种思想和《杂说·马说篇》中“世有伯乐，然后有千里马”的立论完全一致，同样说明在人才使用上掌权者应该知人善任、兼收并蓄、量才录用，否则天下人才虽多，亦不见用，反而说天下无才，岂不荒谬。韩愈这种量才受用的人才选拔思想是具有积极意义的。

---

[1] 韩愈．韩昌黎集·答刘正夫书[M]．北京：商务印书馆，民国二十二年版．

《进学解》是韩愈在长期的教学实践中，不断总结和探索治学方法，并将其加工与提升而形成的一套具有完整、系统的方法论体系的完美呈现，他阐释的学习态度和许多学习方法，如“提要钩玄”“业精于勤，荒于嬉；行成于思，毁于随”等已经脍炙人口，成为指导人们治学修己的至理名言。

综观韩愈的一生，其百折不挠、愈挫愈勇的顽强奋斗精神，刚直不阿、为民请愿的铮铮傲骨，令人深深折服。其尊师重道、招收后学的教育行动，也颇具有教育思想的前瞻性和先进性。在他的提倡和实践下，中国的教育事业在经过了一个低潮后又继续向前发展。在韩愈看来，教育是维护中华学术道统和社会政治秩序的首要工具。他主张发展学校教育，整顿国学，转变学风，恢复地方乡学，使礼教遍及乡里。他重视教育在获取知识、改变人性和成就人才上的关键作用。他提倡教学方式灵活多变，讲究教学艺术，活跃课堂气氛。他注重系统性、因材施教的教学原则，尊重学生个性发展，爱护人才。他指出勤学是学业进步的基本条件，劝导学生学习要博精结合、深入思考和学有创新等学习方法，提高学习效率。他教导学子在学术研究上努力学习，认真思考，辨别真伪，治学要一丝不苟。同时他强调学习态度的重要性，强调持之以恒、坚持到底等非智力因素的影响。韩愈在教学实践的基础上，提出“由统要中”“提要钩玄”“业精于勤”“含英咀华”“师意不师辞”“行成于思”、熟读精思及踏实谦虚这一系列教学和学习方法，符合科学的教育和学习规律，对我们今天的教与学具有重要的参考价值。总之，作为唐朝儒学的总代表和古文运动的倡导者，韩愈从捍卫儒家正统地位的宗旨出发，纵论教育的价值与功能、目的与宗旨、教师地位及教学与学习等方面，以期有更多的学子能提高学习效率，成为儒者，共同为实现重振儒学、捍卫儒学而多做贡献。他还对人性问题做了更精细的分析，更科学的阐释，比孟子的性善说、荀子的性恶论、扬子的善恶混说，更接近真理。韩愈的教育思想是儒家从两汉经学到宋明理学的一个过渡与桥梁，上承孔孟与董仲舒，下启朱熹、二程、王阳明，在儒学发展史上的确起到了维系和巩固儒学的作用。他在长期的教育实践中所形成的教育思想，对后世有着深远的影响。

韩愈在儒家思想史上是一个承前启后的重要人物，他一生以恢复儒家思想为己任，为提高儒学的地位，他力批佛老，犯颜直谏，指陈时弊，具有极大的道德勇气，赢得了后人的景仰。皮日休称韩愈"蹴杨、墨于不毛之地，蹂释、老于无人之境"[1]，使儒学"巍然而自正"。苏轼在《潮州韩文公庙碑》中称赞他"独韩文公起布衣，谈笑而麾之，天下靡然从公，复归于正，盖三百年于此矣。文起八代之衰，而道济天下之溺，忠犯人主之怒（指谏迎佛骨），而勇夺三军之帅（指平定王庭凑之乱），此岂非参天地，关盛衰、浩然而独存者乎！"[2]因此苏轼推崇韩文公是一位"匹夫而为百世师，一言而为天下法"的伟人。他"有以参天地之化，关盛衰之运"，"其生也有自来，其逝也有所为"。欧阳修也在《记旧本韩文后》中评价他："韩氏之文之道，万世所共尊，天下所共传而有也。"[3]韩愈的教育思想蕴含着对教育活动的精微阐释，他以中唐世情说穿了百代通理，对当前我国的教育实践依然具有重要的启示，值得我们进一步探究。

---

[1] 皮日休．皮子文集·请韩文公配飨太学书[M]．上海：上海古籍出版社，1981．88．

[2] 苏轼．韩昌黎集·潮州韩文公庙碑[M]．北京：商务印书馆，民国二十二年版．

[3] [清]张伯行．唐宋八大家文钞·记旧本韩文后[M]．北京：中华书局，2010．86．

下卷　柳宗元教育名著导读

一　柳宗元生平和主要教育活动

(一) 柳宗元的生平

柳宗元（公元773—819年），字子厚，原籍河东（今山东省永济县），因此曾自称“河东解人”。唐朝文学家、哲学家、散文家和思想家。与韩愈共同倡导古文运动，并称“韩柳”。为“唐宋八大家”之一。唐代宗大历八年（公元773年）出生于京都长安（今陕西省西安市）。也许是历史的巧合，许多德才兼备的历史名人都有着显赫的家世，到了鼎盛时期便逐渐倾颓，最后衰落破败。柳家原是河东望族，祖上曾官至尚书右丞、骠骑大将军、中书侍郎等朝廷高官。自五世祖开始官阶逐渐下降，至刺史、县令，到柳宗元的父亲柳镇时已经转而以举明经入仕，始任太常博士，“安史之乱”平定后，先后负责掌管京城纠察、殿廷仪仗等文官事务，属于中下级官吏，可见，到柳宗元父亲时柳氏望族已经完全衰落。

1. 幼承家训，父教母爱

家道中落固然是名门望族所不乐见的，门庭冷落，财势、声名、地位随之烟消云散，但是家族的衰落并不意味着家世影响的消失，因为显赫一时的家世带来的并不只有稍纵即逝的财富和地位，最重要的是家庭的门风与修养。这种积淀是不会随着家世的衰落而逝去的。柳宗元的父亲柳镇家教甚好，颇有文才，怀抱济世安民之志，通经书、善诗文，长于政事，交友广泛，刚正不阿，直言敢谏。但是他生活在唐朝由极盛急遽走向没落的政治环境下，政治才干无法得到充分的施展，仕途不顺使得生活渐渐窘困起来。柳宗元的母亲卢氏，家世也不寻常，祖上原是涿郡范阳（今河北范县）的大族人家，虽然早已没落，但是素有良好的家庭教养。卢氏勤劳善良，且富有学问，她是柳宗元的文化启蒙者，又是他的人格教养者。[1]柳宗元生活在这样一个有着极好家世教养的家庭中，父教母爱给他创造了浓厚的修身立志、济世安民的成长环境，对他后来在文学与教育方面的成就不无影响。

2. 少自精敏，青年及第

“子厚少精敏，无不通达。逮其父时，虽年少，以自成人，能取进士第”[2]。柳宗元自小就表现出极高的文学天赋，学习勤奋。在母亲的教导下，他四岁时就已经熟读十几篇古代辞赋。这样良好的家庭教育为柳宗元少年时代的成长奠定了坚实的基础。后来他在“乡闾家塾，考厉志业”[3]。这种乡学在规模与学术水准上与京城国学也许存在很大差距，但是也有其得天独厚的优势：一方面，与社会现实联系紧密，亲密接触下层社会平民百姓的生活，另一方面，在学业上可以不拘泥于教师的传诵，允许学生有自己的见地和创新。因此这一教育背景反

---

[1] 孙昌武. 柳宗元评传[M]. 南京：南京大学出版社，1998. 43.

[2] 韩愈. 柳子厚墓志铭·韩愈集[M]. 太原：山西古籍出版社，2005. 233.

[3] 柳宗元. 与太学诸生喜诣阙留阳城司业书·柳宗元集（第三册）[M]. 北京：中华书局，1979. 868.

而给了柳宗元更大的发展空间。另外，由于父亲官职的调动，柳宗元十二三岁时便随父亲游历湖北、湖南、江西等地，初步接触了社会，开拓了眼界，还会见了一些当时的名士。十三岁时在文坛已经小有名气，曾有姓崔的官员请柳宗元代写一篇向皇帝祝贺的奏表。这是他流传至今最早的文章，文笔已经相当老练，且表现出一定的政治智慧。德宗贞元九年，柳宗元二十一岁时考取了进士。在唐朝，已经有“缙绅虽位极人臣，不由进士者，终不为美”的说法，这更能反映出柳宗元在青年时代已经文才出众，意气风发。与此同时，柳宗元还结识了与他同期考取进士的一生的好友刘禹锡，他们在后来的文学与政治活动交往中结下了深厚的友谊。

正是这一年的五月，柳宗元的父亲柳镇去世。根据唐朝的制度，中了进士者还需通过吏部的“铨选”才能授予官职，柳宗元因服父丧三年不能参加“铨选”，因此也就未能获得官职。在这期间他去了邠州（今陕西邠县）探望叔父，并在那里居住了两年。一是为了制造名声，结交名士，为以后的“铨选”做准备；更主要的是为了考察民情，增加阅历，增长见识。虽然他年少时已到过江南等地，但毕竟年幼，对社会现实和风土人情还没有深入的了解，对社会阶级矛盾缺乏深刻细致的分析能力。这次到邠州，柳宗元有意识地走访当地，考察社会实际，了解百姓的生活情况。他访问青老士兵，与普通民众交谈，了解边地民众和士兵的实际生活，亲眼目睹了战乱时边境民众困苦潦倒的生活，从而进一步加深了对社会矛盾的认识，对当时底层民众的生活现状深为同情，这更坚定了其励精图治，革除社会弊病的决心。二十年后，柳宗元被贬永州，友人韩愈做了史馆编修，柳宗元向韩愈提供了《段太尉逸事状》一文，所记录的段太尉勇服郭晞、仁愧焦令谌、节显治事堂三个事件就来自于这次游历。贴近现实生活，关注民生疾苦，嫉恶如仇是柳宗元文学作品与教育著作中最明显的特征，也是他性格、思想的写照，与他青年时的这种经历是分不开的。

3. 踏入仕途，贬谪十年

贞元十二年，柳宗元服丧期满，参加了吏部制科博学宏词科的考试，没有考中，以后又连续两年应考，于贞元十四年考中，被任命为集贤殿书院正字（负责校勘经籍图书），时年26岁。从此开始走入仕途，为实现他救世济时的远大政治目标而投身到了尖锐复杂的政治斗争之中。

安史之乱之后，唐朝国势衰微，政治局面更加黑暗腐败，社会经济出现严重的危机，“贫者愈困饿死亡而莫之省，富者愈恣横侈泰而无所忌”[1]。宦官权臣把持朝政，控制朝廷的人事权、军权和兵权，横征暴敛，将繁重的赋税徭役强加在人民头上，同时地方官僚为了满足皇帝和这些贪官污吏的欲望，大肆搜刮百姓，加重了人民的负担，百姓生活苦不堪言，民不聊生，使得社会矛盾急剧升温。朝廷一些有志革新之士如王叔文、韦执谊等跟随太子李诵酝酿革新。柳宗元当时在朝廷担任监察御史里行，与革新派结下了深厚的友谊。贞元二十一年正月，德宗李适去世，太子李诵继承父位，即唐顺宗。他一上台就起用了革新派，柳宗元因此升为礼部员外郎。此外，积极支持革新的刘禹锡等人也被起用。自此，历史上激昂悲壮的“二王”政治革新集团正式登上历史舞台。依附一个原本就病入膏肓的皇帝和一群没有政治根基的热血官员，也许从一开始就注定了是要惨淡收场的。柳宗元的政治抱负还没有来得及施展，革新集团就被宦官和地方豪强击败，太子李纯被拥护登帝位。即位之初，便开始对革新集团大肆迫害，革新集团很快以失败告终，王叔文被赐死，柳宗元等人几乎同时被贬。从此，柳宗元开始了他长达十年的贬谪生涯。

柳宗元从33岁开始到47岁去世这十多年的时间，一直是在贬谪与窘困中度过的。革新运动失败后，柳宗元被贬为邵州（今湖南省邵阳市）刺史，他刚走到半路，朝廷认为量刑太轻，又再被贬为永州（今湖南省零陵县）司马，同时还有

[1] 柳宗元. 答元饶州论政理书·柳宗元集（第三册）[M]. 北京：中华书局，1979. 832.

刘禹锡被贬为郎州司马，韦执谊被贬为崖州司马，这就是历史上著名的“八司马”事件。长期被贬谪，再加上一直相依为命的老母亲去世，重重打击接踵而至，使得柳宗元的生活困窘不堪、身心郁结、百病缠身，但是种种打击与污蔑并没有动摇柳宗元纯洁的政治理想和高贵的人格品质，依然“苟守先圣之道，由大中以出。虽万受摈弃，不更乎其内”。[1]

短暂的政治生涯和长期的贬谪经历对柳宗元本人的政治抱负与理想来说可能是辛酸而悲苦的，但是对他文学创作与教育名著的产生倒是蚌病成珠的过程。正是因为长期接触下层平民，有了更多深入民间、了解民间疾苦的机会，柳宗元对平民百姓的生活有了更加深刻的理解与体验。这对柳宗元后期政治与教育思想的发展产生了深刻的影响。[2]

4. 时代变迁，三教并立

与中国古代以儒家为尊的社会风化不同，儒、佛、道三教并立的局面基本存在于唐代整个的历史过程。甚至在一些特定时期内，佛、道教义在民间和一些知识分子的观念之中更甚于儒家思想。从唐朝初期开始，佛教自始至终渗透在整个唐代的思想潮流之中。到了中唐时期，虽然儒学复兴运动已经达到顶点，依然还有一批儒学之士在研习佛教教义，这里要强调的是，佛教无论在文人还是老百姓中都很流行，不只是一种宗教信仰，它还提供了高度原创的哲学思想和丰富的学术课题。佛教许多教义在当时给予了人们一种儒家所不具有的创造性与活力，所以当时许多不信仰佛教的知识分子都或多或少赞成佛教的世界观，而直接反对佛教的人是罕见的。几乎可以说，没有哪一个唐代人的思想意识没有受到过佛教的影响。指出这一点，对理解唐代文化至关重要。

除了佛教之外，道教在唐代文化和知识分子中也有重大影响。无论它是作

[1] 柳宗元.答周君巢饵药久寿书·柳宗元集(第三册)[M].北京：中华书局，1979.841.
[2] 龚玉兰.贬谪时期的柳宗元研究[M].南京：凤凰出版社，2010.10-15.

为一种“人生观”还是一种宗教，都是如此。唐代时期，政治经济相对稳定与繁荣，人们虽然不像魏晋时期那样关注主体，关注生命的价值，但是高度的文明发展到一定时期同样会变成一种精神上的束缚，道教即从另一个角度吸引着唐代的知识分子：对个人精神世界的平静和自由的追求。这个理想是无数唐代文人仍深深怀有的一种渴望。[1]他们觉得，在人类文明和日常束缚之外，存在着一个超越世俗观念的有限性的自然王国，经此可以达到真正的灵魂宁静。道教的这种细腻感情，在中唐时期影响了许多的知识分子。

但是，儒家思想毕竟长期占据传统学术系统的核心，因此唐朝初期，在三个重要的思想体系中儒学虽然是最缺乏活力的一种，但也不至于影响其学术地位。从汉代就居于统治地位的儒学在初唐时期仍然是富于创造性的。例如在唐太宗的支持、孔颖达的主持下编著了《五经正义》，这部书后来成为中国教育和考试系统的权威，是科举考试主导下学校标准的教科书。实际上在《五经正义》之后，许多儒家学者都对儒家经典有过注释解析，但《五经正义》仍然是最权威、使用最广泛的注解。因此，在整个唐朝时期，作为约束人们行为的价值系统，儒家思想仍然是中国社会和文化秩序潜移默化的意识形态支柱。包括柳宗元在内的整个文人群体依然坚信，提高人民大众的生活水平和道德品行是他们最重要的职责之一。

总而言之，初唐和中唐时期佛、道兴起，逐渐趋于社会主流，但是儒家思想依然是一股强有力的文化力量，儒家的价值观仍然为文人所推崇，中唐时期社会的思想氛围变成了一种多元并存的融合状态。同时由于“安史之乱”造成的社会与政治的混乱，儒家意识开始复苏，知识分子的儒家情结被激发出来。一向以济世救民为已任的文人们惯性地认为，以伦理道德和社会治乱为核心的儒家思想对于国家统一、人心安定是最好的良方。发展到柳宗元生活的时代，正

[1] 陈若水．柳宗元与唐代思想变迁[M]．南京：江苏教育出版社，2010．45-48．

是儒学复苏的顶峰时期。这场儒学复苏和古文运动联系尤其紧密，柳宗元顺理成章地成为了这场古文运动最重要的领导人之一。

5. 思想情结，“统合儒释”

唐朝知识分子深受禅佛思想影响的不在少数，柳宗元作为唐代中期典型的知识分子，同样也受到这一思想的熏染。他对佛教众多教派的义理有非常深入的研究。在长安期间曾应邀为六祖作碑（文），他在《曹溪第六祖赐谥大鉴禅师碑》中专门论述了佛教始终强调的性善论，这样就和儒家传统结合起来了。后来柳宗元被贬永州，当地正是禅宗兴盛之地，他又曾寄居寺庙，结交了不少有名的禅僧，自然而然加深了对禅宗的领悟。他在这方面与韩愈是有很大差异的，柳宗元与韩愈虽同尊儒学，而韩愈一生力斥佛、道二教，对老子思想亦加以排斥，柳宗元则以儒学为基础，吸收佛学与老庄之精义，比较客观地把握了儒、佛、道之间的关系。

柳宗元的“统合儒释”，能够以儒学为根基，同时剔除其流弊，发挥其修身佐世功用。在此意义上说，他的眼界比韩愈、刘禹锡等文士更加全面。这种包容性使其更能客观地观照世界。虽然其中难免也有互相矛盾的地方，但就对世界的认识而言是有进步意义的，也正因为这种矛盾，才更凸显其丰富的思想内涵和包容的认知态度。[1]柳宗元“统合儒释”的思想在潜移默化中影响着他的文学创作，尤其是在永州、柳州时创作的一些作品。领会了这一思想情结，便可以更好地整体把握柳宗元教育名著中阐述的思想与深刻的教育主张。

柳宗元教育名著所阐述的教育目的是“文以明道”，将阐述圣人之道，继承圣贤治世安民之道作为教育的终极目标。这一思想贯穿在柳宗元的诸多教育名著中，通过《与太学诸生喜诣阙留阳城司业书》中对太学阳城师生的赞誉、《答韦中立论师道书》与《报袁君陈秀才避师名书》中对圣人之道的推崇都可以看

[1] 张勇.柳宗元儒佛道三教观研究[M].合肥：黄山书社，2009.148-155.

出，柳宗元依然在探求一种儒家精神，意在提升其现实意义，将儒学精神的要义作为构建社会普遍精神面貌的指导原则；《种树郭橐驼传》则是体现柳宗元儒道融合思想的佳作，他既重视统治者为政以德的德政，又阐述了顺天致性的任自然思想；在《梓人传》《六逆论》等文章中，他所阐述的人才思想是建立在对儒家人才思想的扬弃过程中的，剔除了其中的糟粕，吸收精华，杂糅出符合那一时代所需的人才观。阅读柳宗元教育名著时会发现，他的教育思想与儒家理想是极其一致的。而且阅读这些作品时，读者可以清晰地感受到在行文风格上积极革新与飘逸淡泊，锐意激进与崇尚自然并存的特点。

因此，把握柳宗元的教育名著，首先需要对他所处时期儒学整体地位的不断转变以及内在原因有一个基本的把握，深刻地体会柳宗元本身深厚的儒学功底和深沉的儒士情结，同时又兼具佛、道精神的思想背景。更应该注意的是，柳宗元虽然兼具儒、佛、道三者情结，但他仍然是儒家思想的坚定信仰者。

别林斯基曾说过：“诗人，作为一个人，一个性格，一个天性——总之，作为一个个性，难道能不反映在自己的作品之中吗？”[1]在品读柳宗元教育名作时也需要有这种意识。毕竟柳宗元是中唐时期伟大的古文运动家，他的教育名作是那个时代的产物。在儒、佛、道并立共存的思想环境中，在举世混浊的政治环境下，深受儒家安邦济世的教化影响，但又难以施展满腹才学的柳宗元备受排挤，这位情感丰富、命运多舛的时代巨人不仅把自己的思想感情注入文中，同时也通过那些他寄予深厚感情的青年才俊以及下层人物传记，寄托着他自己的人生遭际与理想。

[1] （苏）维沙里昂·格利戈列维奇·别林斯基．别林斯基论文学[M]．新文艺出版社，1958．19．

(二)主要的教育活动

柳宗元的教育活动既不同于孔子兴办私学，一生从事教育活动，也不同于韩愈亲自掌管过教育机构事务。柳宗元注重的是教育与社会的紧密结合，以社会作为广泛的教育场所，充分发挥文学作品的社会宣传作用，同时也通过指点文章直接指导学生，用他强烈的正义感和济世安民的使命感感染着一代青年才俊，培养了许多具有社会服务才能的人才。早在他做集贤殿正字的时候，出现了太学生集体向朝廷请愿、挽留阳城的事件，这是太学生反对朝廷腐败、关心朝政民生的积极行动，柳宗元表示大力支持与赞赏，专门写了《与太学诸生喜诣阙留阳城司业书》，对太学生的行为加以肯定和鼓励。虽然柳宗元没有直接教育过这些学生，但是他鼓励太学生坚持正义、勇于与黑暗势力做斗争，对太学生无疑是一种人格修养的提升与人生方向的指引，所产生的社会效应与教育作用不容小觑。

1. 任职长安，“掖进后生”

柳宗元仕途的前五六年时间里在中央朝廷任职，虽然官职不高，但他积极地投入到当时政治和文学领域的活动中，经常与一些名士往来，发表自己的独到见解，总能以精辟的言论和充足的论据说服对方。卓越的才华、渊博的知识、慷慨的意气，使得他很快便声名鹊起。正是在那时，柳宗元与当时同为古文运动领袖的韩愈结为好友，吸引了当时许多人尤其是青年才俊的注目，许多人争相与他结交为师友，有的希望与他交流思想、探讨文学，也有许多青年争相投其门下，拜他为师学习习作，请他指点文章，以便应考。他经常诚恳地接待一些不远千里而来的好学青年，为他们指点诗文，经过他指点的学生，多为名士。韩愈在

《柳子厚墓志铭》中也说："衡湘以南，为进士者，皆以子厚为师。其经承子厚口讲指画为文辞者，悉有法度可观。"所以柳宗元虽然没有直接开办学校，或者专门从事教育教学活动，但是同样也培养出不少高质量的学生。就算他后来被贬柳州，也有许多学子寄来书信拜师请教，如韦中立。柳宗元因此专门写了《答韦中立论师道书》，尽心传授行文习作的经验。在长安期间，柳宗元还写出了两部非常重要的教育名著《种树郭橐驼传》《梓人传》，以不同的文体形式表达了他自己的哲学思想与教育思想，对于"掖进后生"具有重大作用，对今天的教育也具有重要的启迪。

2. 贬谪十年，兴学育人

被贬永州之后，柳宗元更加积极地在当地推行社会教化活动，革除积弊。走出官场，柳宗元就有更多的时间和机会接触社会，针对当时社会的种种弊端和苛政，柳宗元用写作的方式继续他的改革运动，从文学、教育、哲学方面提出了自己的理论主张。在这期间，他写出了很多流传至今的教育名著：《时令论》《六逆论》《答韦中立论师道书》《报崔黯秀才论为文书》等，这些著作都体现了柳宗元特殊的政治经历和生活遭遇，因此非常具有现实性和批判性，自有一腔激愤与沉着，这也是他成为"古文运动"的积极倡导者的重要原因。

元和十年，柳宗元又被贬为柳州刺史，柳州当地瘴疠盛行，民风落后，百姓迷信愚昧，当地甚至还有质卖儿女的残酷陋习。柳宗元在任期间，积极推行改革，坚决废除这种陋习，他提出改革措施：已经沦为奴婢的，按做工时间折换银钱，如果能够抵销所质换的钱，就可以回家与亲人团聚。这一改革措施得到了广大平民的拥护，还被推广到临近其他州县。为改善当地百姓的经济状况和身体状况，柳宗元教人们种植药材，推广医药技术，还采取了各种行之有效的富民措施，柳州一时人人有业，家家有产，社会风气大有改善。不仅在革新社会教化方面大有成效，柳宗元对柳州的学校建设也极为重视，修复了不少凋敝的府学，对当地社会教化与学校教育事业的发展功不可没。

柳宗元是唐朝既富于实干精神同时又饱含政治热情的文化伟人，对国势兴衰、百姓生活、青年指导、文化教育事业都极为关注，论述详尽。柳宗元一生留下了六百多篇散文和诗赋，这些作品是他思想和艺术的结晶，集中体现了他的进步思想、斗争意识和对不合理现实的批判，也全面显示了他的不幸遭遇和矛盾心理。对柳宗元作品收录的比较翔实的是《柳河东集》（上下册）。其中比较突出地反映柳宗元教育思想的教育名著也不少，本文将其中最具有代表性的选取出来加以整理，归纳为五大类型，其中有关于师道与文道的《答韦中立论师道书》《报袁君陈秀才避师名书》；关于文章教学的《报崔黯秀才论为文书》《于友人论为文书》；关于人才思想的《梓人传》《六逆论》《观八骏图说》；关于太学教育的《与太学诸生喜诣阙留阳司业书》；关于自然主义教育的《种树郭橐驼传》，这些文章都体现出柳宗元丰富而深刻的教育思想。

柳宗元的教育作品多是以文学作品的形式为人们赏析与评论，因此把握其教育名著首先要对柳宗元的思想基础加以把握，而后再透视其作品本身的文学形式与表述技巧，从而全面完整地解读柳宗元的教育名作。

二　柳宗元教育名著导读

《答韦中立论师道书》《报袁君陈秀才避师名书》导读

（一）名著概览

《答韦中立论师道书》写于唐代元和八年（公元813年），是柳宗元被贬永州后给秀才韦中立的一封回信。韦中立是潭州刺史韦彪之孙，唐代元和十四年（公元819年）进士。他对柳宗元的文章是非常推崇的，在中进士之前，曾专门写信请求拜柳宗元为师，并亲自去永州向其求学。柳宗元虽然推辞为师，但却毫无保留地在回信中讲述了自己的写作经验和心得，对韦中立影响很大。柳宗元不仅在写作上倾囊相授，还在精神上多次鼓励韦中立。在韦中立第一次落第时，柳宗元专门修书一封，即《送韦七秀才下第求益友序》，勉励他不要沮丧灰心，鼓励他继续努力，争取下次一举及第。果然，在元和十四年，韦中立便考中了进士。

《报袁君陈秀才避师名书》，柳宗元写于谪居永州时期。从文章内容看，应该是写于《答韦中立论师道书》之后，书中的"陈秀才"真实姓名已不可确考，但是可以看出与韦中立身份相似，都是应考的秀才，请求师承柳宗元学习文章写作以应科举。两篇文章在表达方式和阐述的问题上基本一致，集中体现了柳宗元关于师道和文道方面的主张。

两部著作的行文风格比较相似，都可以分为两大部分，着重论述了两个问题：其一是论师道，其二是论写作。

《答韦中立论师道书》前一部分言师道的衰落，愤世嫉俗，表示自己不愿担当为师之名。后一部分承上文“愿悉陈中所得者”，柳宗元根据自己的治学经历，向虚心求教的韦中立介绍自己治学为文和写作的经验，教授为文之道，着重阐述“文以明道”的主张。柳宗元以谦虚真诚的态度，告诫韦中立为文者写作不应出于“轻心”“怠心”“昏气”和“矜气”，而要善于吸取前人精华，学习不同的风格，善于在文章中贯彻儒道，兼容百家学说。

《报袁君陈秀才避师名书》第一部分开篇明确表明“仆避师名久矣”，坦言自己不愿为师的两个主要原因；第二部分道出文章主旨“文以行为本，在先诚其中”，告诫这位青年为文与做人一样，做人应当内求道德修养，外修文采飞扬，才能文质彬彬，尽善尽美；文章写作也应当做到既内里充实，又行之于外，方能打动人心，流传于世。

纵观柳宗元《答韦中立论师道书》与《报袁君陈秀才避师名书》所表达的教育思想可以看出，柳宗元极为推崇传统的师道尊严，因此，虽然力辞为师之名，但已尽为师之实，“取其实而去其名”，以文学创作为基本途径，以文章指导为主要方式，培养了许多优秀青年。柳宗元明确了“明道”的为文宗旨，认为道借文而明，文因道而著，文与道二者是并重相依的关系。

(二) 教育章句导读

1.“文以明道”的教育目的

柳宗元堪称是一位社会教育家，因为他极为重视宏观的教育问题。他从国家政治经济的现状出发，强调教育的社会作用和应该达到的社会效果。当时朝廷政治黑暗，国家经济衰败，皇帝昏庸，宦官专权，藩镇割据，社会秩序混乱不堪。柳宗元认为要改变这种局面，应当充分发挥教育的社会职能，移风易俗，广泛开发民智，教化百姓，教育青年学子，培养精于世用的社会人才，通过社会教化影响统治阶级，使统治阶级的思想合于“道”的要求，使国家长治久安。这就是柳宗元在文中所说的文章的“圣人之道”。

（1）圣人之道，乃济世安民之道

关于“圣人之道”，柳宗元曾在其他文章中有过明确论述：

圣人之道，不穷异以为神，不引天以为高，利于人，备于事，如斯而已矣。[1]

圣人之道既不是怪异的神灵之论，也不是虚无缥缈的天神旨意，而是立意于现实人事，积极入仕的主张。柳宗元认为，圣人之道在于规劝统治者以仁政来安抚百姓，治理国家。可见，柳宗元更加注重孔孟之道的伦理政治思想以及人格培养主张，对统治者要求实行仁政，以得民心而得天下，对读书求学者要求关注现实人事，以济世安民为己任。如此看来，“明道”中的“道”，即指儒家的“圣人之道”，提倡“圣人之道”的儒学复古，也就是柳宗元的教育目标。儒家的仁义之说、伦理纲常依然被柳宗元等知识分子当作整饬政治秩序、改革现实弊端的武器。

（2）“文者以明道”的为文目的

柳宗元认为文章必须阐明或承继“圣人之道”，即必须“辅时及物”，达到有益于世用和民生的目的，而不是好辞工书，夸耀书法。因此柳宗元十分诚挚地谈到自己的教训，希望对方不要重蹈覆辙：

始吾幼且少，为文章，以辞为工。及长，乃知文者以明道，是固不苟为炳炳烺烺，务采色、夸声音而以为能也。[2]

柳宗元自叙了自己对为文目的的认识转变，结合自己的教训，诚恳地指导韦中立，文章除了外在文辞优美之外，更值得关注的是其表达的内容实质——

[1] 柳宗元．时令论上·柳宗元集（第一册）[M]．北京：中华书局，1979．85．

[2] 柳宗元．答韦中立论师道书·柳宗元集（第三册）．北京：中华书局，1979．873．

圣人之道。这样的作品必然是富于现实内容的；这样的“道”也不是空疏的呐喊与教条，而必须是可以指导解决现实矛盾的。因此柳宗元要求写文章的人不应该着意于华丽的词藻或者夸耀声韵的悠扬，并以此为能事；品读文章的人也不应该只注重文章的词藻与声韵，而应该仔细体味与揣摩文章是否以生活实践为基础，以百姓生活为创作源泉，因为只有接近社会现实，解决实际的社会问题才算是接近于圣人之道。

（3）“文以行为本”的明道途径

如同君子能够顶天立地，以一己之身安天下之人是因为其高尚的内在人格气质一样，“道”是支撑文章内容形式的内在品格与精神实质。“圣人之道”的核心在于关注现实，体现人生日用，解决现实矛盾。若是作者没有几分果毅与真诚、耿直与坚韧的品质以及“超取显美”的才气，也很难充分体现“圣人之道”。所以柳宗元进而从文行结合的理论出发，论述了作者的精神气质对好文章的重要作用，认为作家要写出好作品的首要条件是必须要有优良的品德与深沉的气质。柳宗元在《报袁君陈秀才避师名书》中具体阐述了这一思想：

大都文以行为本，在先诚其中。……求孔子之道，不于异书。

道苟成，则悫然尔，久则蔚然尔。源而流者岁旱不涸，蓄谷者不病凶年，蓄珠玉者不虞殍死矣。[1]

柳宗元直入主题，指明求知者以道德修养为本，而德行以真诚最为重要。这一品质是写文章者做到“文以明道”的前提条件，因为柳宗元认为作者高尚的道德修养、纯真诚实的思想感情、丰富的社会经验和浓厚的民本思想是其在文章中践行“文以明道”宗旨的重要基础。柳宗元认为，“文”“行“相顾是“文以明道”的途径，求学者外可以治世，内可以完善自身，求之于圣人之道，便如有源头活水，无论求学入仕，治世安民，都能游刃有余，甘之如饴。

[1] 柳宗元．报袁君陈秀才避师名书·柳宗元集（第三册）[M]．北京：中华书局，1979．881．

综上可以看出柳宗元对于“文以明道”思想的推崇，在他看来，文章若是没有了“道”作为指引和支撑，华丽的词藻便失去了它赖以存在的价值，文章也会黯然失色。柳宗元古文理论的一大特点就是要求文章对社会现实的关注和真实情感的表露，因为柳宗元认为，圣人之道不是抽象的思想理论，而是面对社会现实的治世之道。在柳宗元看来，为文的目的在于“明道”，教育人的目的更在于“明道”。[1]即教育学生关注社会现实，以积极的心态和果敢的行动面对人生，内可以守其道，外可以行其道，内外兼修，成为国家社会所用的君子。这是柳宗元“文以明道”教育目的的核心。

2. “取道之原”的教育内容

(1)“取道之原”，儒家五经

柳宗元认为，儒家的五经是取道之原，应作为主要的教育内容。

在柳宗元看来，要培养能够明道的青年治国人才，就必须用能够明道的教育内容来教育学生。因为柳宗元要求明的“道”是“尧、舜、孔子”的儒家之道，所以，儒家的经典著作《诗》《书》《礼》《易》《春秋》便是学习的基本内容，学生应当从这些儒家经典中汲取圣人之道的精华，作为明道的基本载体。用柳宗元的话说，这些著作是“取道之原”。他说：

本之《书》以求其质，本之《诗》以求其恒，本之《礼》以求其宜，本之《春秋》以求其断，本之《易》以求其动，此吾所以取道之原也。[2]

其外者当先读六经，次论语、孟轲书皆经言。[3]

柳宗元从自己的亲身经历出发，指出了传统儒家最能够阐明圣人之道的经典著作，这是柳宗元所认为的具有“取道之原”作用的教育内容：从《尚书》中可以学习质朴，从《诗经》中可以学习情理的永恒，从“三礼”中可以学到做人的

[1] 毛礼锐，沈灌群.中国教育家评传[M].上海：上海教育出版社，1988.634.

[2] 柳宗元.答韦中立论师道书·柳宗元集（第三册）[M].北京：中华书局，1979.873.

[3] 柳宗元.报袁君陈秀才避师名书·柳宗元集（第三册）[M].北京：中华书局，1979.880.

准则，从《春秋》中可以学到褒贬事物的能力，从《易经》中可以学到世间万物如何发展变化的道理。柳宗元认为这些儒家经典都是学生们学以明道的珍品佳作。

从这里，我们可以明显感受到柳宗元博习诸子，以儒家为尊的治学思想。他所看重的“取道之原”的教育内容主要是儒家的经典著作，他认为儒家的五经是“道之原”，最能体现“圣人之道”的思想实质。“取”就是学习，“取道之原”的意思就是要受教育者学习这个根本，这是不能舍弃的。柳宗元认为，学习者将“五经”的主要精神融会贯通，就能把握圣人之道的实质，这是君子最主要的学习目标。在这一点上，柳宗元与历代教育家基本一致，对儒家传统典籍的传道与教化作用有深刻的认识，但是在具体运用五经教育学生或进行学习时，他认为应当采取扬长避短的批判继承的态度，选择五经中教人经世致用、参悟天地之道的精华，不能对所有的都兼收并蓄，菁芜不分。这样，既没有违背“取道之原”这一根本，又有侧重地学习它们某一方面的用世经验。

（2）“旁推交通”，百家学说

柳宗元主张对百家学说兼容并蓄。学习古代经典又不拘泥于儒家五经，主张在继承传统的基础上创新，这也是柳宗元古文理论中的精辟之处。

虽然柳宗元主张教育内容要以儒家经典为本，但却不局限于儒家经典，他同时主张博取诸史，即要“旁推交通”，采取更为开放的广取博收的态度，广泛地从百家杂说和辞赋中吸取可以佐世的思想，与儒家经典融会贯通，将其作为主要教育内容的补充和参考。因此柳宗元把《穀梁传》《孟子》《荀子》《庄子》《老子》《国语》《离骚》《史记》都列为教育内容，认为学习这些内容有助于学生学会博采众长，贯通诸子，更好地掌握为文之道。

参之穀梁氏以厉其气，参之《孟》《荀》以畅其支，参之《庄》《老》以肆其端，参之《国语》以博其趣，参之《离骚》以致其幽，参之太史公以著其洁。此吾所以旁推交通而以为之文也。[1]

柳宗元认为，学习者可以从《穀梁传》中学习磨砺文章的气势，从《孟子》《荀子》中学习为文的通达顺畅，从《庄子》《老子》中学习文思的汪洋恣肆、纵横开阔，从《国语》中学习文章表达的瑰丽奇趣，从《离骚》中学习行文的幽深微妙，从《史记》中学习为文的典雅纯洁。从而掌握为文之道，提高做文章的水平，以便准确、流畅地表达自己的思想观点，在行文中展现自己的志趣和人格。柳宗元在《报袁君陈秀才避师名书》中也表达了这种思想，他指出，学者应当将读书范围扩至百家：

左氏、国语、庄周、屈原之辞，稍采取之，穀梁子、太史公甚峻洁，可以出入，余书俟文成异日讨也。其归在不出孔子，此其古人贤士所懔懔者。[2]

这里，柳宗元虽然主要是从文学创作的角度谈"文"与"行"的关系问题，即作文与做人应遵循的原则，但从教育的角度来看，"其归在不出孔子"的观点，依旧是对儒家学说的明道价值的充分肯定，仍然是他"取道之原"的教育内容的再现。

柳宗元不仅要求通读百家著作，还进一步提出，在学习百家时要独立思考，主张在学习的过程中，通过对掌握的学习材料加以分析、考证，不仅要善于吸取，更要敢于批判。正是因为柳宗元反对盲目信古崇古，对古代文化遗产敢于批判地吸收，他才会拥有诸子百家论述的广博知识，对诸子学说融会贯通，又能够吸收其中的精华为己所用，常常能够"议论证据今古，出入经史百子，踔厉风发，率常屈其座人"。

(3)"博极群书"，"勿务速显"

柳宗元虽然主张博学，但是反对杂学和急于求成。

[1] 柳宗元. 答韦中立论师道书·柳宗元集（第三册）[M]. 北京：中华书局，1979. 873.

[2] 柳宗元. 报袁君陈秀才避师名书·柳宗元集(第三册)[M]. 北京:中华书局，1979. 880.

柳宗元提倡以儒家经典为主，辅之以各家学说，兼而学之，主张凡是有助于经世致用和增进学业的有益之书，都应该广泛涉猎，做到“博极群书”。但是柳宗元同时也反对学习者贪多、求快，不注重积累而急于求成。他在《报袁君陈秀才避师名书》中告诫陈秀才：

秀才志于道，慎勿怪、勿杂、勿务速显。……然则成而久者，其术可见。

柳宗元主张在治学过程中，选择学习内容时要防止怪僻，避免杂乱无章或者不加分析地杂学旁收；在学习方法上不可急躁冒进，急于求成。他认为，只要以脚踏实地、持之以恒的态度去治学，扎扎实实地去读书，达到一定量的积累，就自然会水到渠成，成绩斐然。在柳宗元的著作中一直贯穿着这种以求实、求精的态度去钻研学问，以现实关怀的情怀看待社稷百姓的思想。在他看来，唯有如此，方能够成为国家的有用之才。不仅著作中流露出如斯情怀，柳宗元也始终循蹈着自己的这一主张，从他自己的治学经历中便可得见。柳宗元自幼博览群书但不重章句，在治学上独立思考，学术上勇于怀疑。以“兴尧、舜、孔子之道，利安元元”[1]为己任，努力继承孔子的学说以经邦济世。因此他在提携教育后进时也时时以此为旨归，要求求学者怀经天纬地之志，将成为优秀的治世人才作为求学的最终目的。有了这一层认识，我们就能更深刻地理解柳宗元在写《与太学诸生喜诣阙留阳城司业书》时流露出的激动与钦赞之情。

值得一提的是，柳宗元的教育名著中之所以会体现出以五经为主、兼修百家的思想，除了他个人统合儒释的情结之外，还深受唐朝时期独具特色的文教政策的影响。唐朝初期，唐太宗曾将《诗》《书》《礼》《易》《春秋左氏传》等传统儒家经典定为官方指定教材，并由孔颖达统编译注，定名为《五经正义》，颁行天下，作为科举考试的出题范围及标准答案。所以柳宗元把传统的经学教育内容从儒家经典扩大到了百家之言，既有儒家，亦有道家，同时还兼容佛家；

[1] 柳宗元．寄许京兆孟容书·柳宗元集（第三册）[M]．北京：中华书局，1979．780．

既没有丢掉官方规定的《五经正义》这一基本内容，保持了传统经学教育的权威地位，又在五经之外增添了诸子百家的思想成分，扩大了教育内容的范围；而且从其提出的具体汲取《五经》的方法来看，也打破了传统的教条，注意到它们不同的行文特点和精神实质，这就更有利于学习者学到更丰富的内容。不能不说这是唐朝时期“重振儒术，兼重佛道”的文教政策在柳宗元教育思想上的体现。

3.“去名取实”的师道主张

柳宗元的师道观尤其不同于其他教育家。我国传统的教师观可以总括为“尊师重道”，先圣教学尤重师生之礼。孔子所要求的“束脩”与学费无关，只是彰显一种尊师重道的礼节，确立名正言顺的师生名分。而柳宗元则打破了这一传统。他认为，做教师最重要的不在于有没有教师的名分，关键在于有没有为人师表的学识与修养，所以他主张“取其实而去其名”。这一主张虽然是柳宗元在特殊的政治遭遇下提出的，但就看待师道这一问题上，却有不少合理的地方。主要表现在以下几个方面：

（1）痛陈“耻于相师”之风气，澄清力避师名之原因

儒学一向重视教育，因此我国古代形成了尊师重道的传统。到魏晋时，儒学衰落，玄佛思潮兴起，师道不被重视。这种社会风气一直延续到唐朝，没有得到扭转，不仅学校教育大受影响，教师地位大大降低，同时也因此阻滞了儒家学术的传承和发展。韩愈为破除这种社会风气，不顾舆论的压力，作《师说》，提倡师道，引起一场论争。柳宗元作为韩愈的知交好友，是非常支持他抗颜为师的行为的，也对当时社会上层士大夫“耻于相师”的风气感到非常痛心。他在《答韦中立论师道书》中集中表明了这一态度：

由魏、晋氏以下，人益不事师。今之世，不闻有师，有辄哗笑之，以为狂人。独韩愈奋不顾流俗，犯笑侮，收召后学，作《师说》，因抗颜而为师。世果群怪聚骂，

指目牵引，而增与为言辞。

屈子赋曰："邑犬群吠，吠所怪也。"……度今天下不吠者几人？而谁敢炫怪于群目，以召闹取怒乎？[1]

柳宗元痛陈了魏晋以来由于世风日下，师道尊严日趋衰落，人们对于教师极尽非议与指责的现状，由韦中立来信"欲相师"，谈到"今之世，不闻有师，有辄哗笑之，以为狂人"的流俗恶习。接着一连三个比喻，把抗颜为师的韩愈比作"蜀之日"，把自己比作"越之雪"，把那些恶意贬低师道的世俗之徒比作"吠所怪"的"邑犬"。而后又借孙昌胤因为"行冠礼"而遭同僚耻笑一事，把官场对师道的轻薄描写得淋漓尽致，更使人联想到当时为人师则横遭齿舌，任人诋毁侮辱的境况。韩愈身居要职，不顾世俗的流言蜚语，作《师说》，招收学生，亲自教授，以教师的身份出现在世人面前，但是同样惹得世人议论纷纷，指责非议不断。柳宗元以愤激之词尖锐地批评了这些人对韩愈的无理指责，对韩愈为了重塑师道尊严的世风而甘冒天下之大不韪的勇气深为赞佩。

《答韦中立论师道书》中，柳宗元一方面肯定了韩愈抗颜为师的勇气与精神，同时也描述了韩愈为此而招致的种种非议与责难。柳宗元是想借此推辞韦中立引以为师的请求。而在《报袁君陈秀才避师名书》中，柳宗元则进一步明确地道出了自己不愿担师名的两个根本原因：

其所不乐为者，非以师为非，弟子为罪也。有两事，故不能：自视以为不足为，一也；世久无师弟子，决为之，且见非，且见罪，惧而不为，二也。[2]

在这样险恶的环境下，柳宗元深识时务，不愿再把"群怪聚骂"的师名加在自己头上，增加自己被他人攻击的机会。正如他自己所说：

仆自谪过以来，益少志虑。居南中九年，增脚气病，渐不喜闹，岂可使呶呶者

[1] 柳宗元．答韦中立论师道书·柳宗元集（第三册）[M]．北京：中华书局，1979．871-872．
[2] 柳宗元．报袁君陈秀才避师名书·柳宗元集（第三册）[M]．北京：中华书局，1979．880．

早暮咈吾耳、骚吾心？则固僵仆烦愦，愈不可过矣。平居望外，遭齿舌不少，独欠为人师耳。[1]

至此，柳宗元也算清楚地表达了自己不愿接受教师之名的缘由了。一是自以为无为人师的资格，二是惧于强大的舆论压力。社会现实使得柳宗元不愿意有为师之名，而成为“邑犬吠怪”的攻击对象，这是其中的客观原因。从主观方面看，柳宗元自永贞革新失败后，一再被贬斥到南荒之地，残酷的政治迫害使他贫病交加，健康日坏，精神和肉体都受到严重摧残。同时柳宗元也非常清楚，在当时社会，但凡有人谈论世道或自以为师，便会被人们视为狂人、怪人，深为不齿。是以，柳宗元坚决推辞“请以为师”的请求。由于他深切地感受到人们厌弃师道的心态，对这种恶劣的社会风气甚为担忧，因此柳宗元还写了《师友箴》一文，再次强烈要求扭转社会“耻于相师”的风气：

今之世，为人师者众笑之，举世不师，故道益离；为人友者，不以道而以利，举世无友，故道益弃。呜呼！生于是病矣，歌以为箴。既以儆己，又以诫人。[2]

柳宗元认为是由于人们不懂得尊师重道，所以圣人之道离得越来越远；不懂得论学取友，所以逐渐背道弃义。因而，他极力批判现实社会的不良风气，大力提倡师道，这一思想主张在当时是有进步意义的。

(2)自谦“不敢为人师”，意在肯定教师价值

柳宗元虽然极力推辞这些青年人学而为师的请求，表示不愿意承受师生之名，但是并不是因为他像其他人一样贬低教育的地位与作用，也绝对不是耻于为师，相反，他充分肯定了教师在传道授业中的重要作用，认为没有良师的教诲，就不能成才，教师能够帮助学生不断增进自己的知识、才能、品德，成为济世安民的人才。可以看出，柳宗元把教师地位与作用看得很崇高，对教师的为师

---

[1] 柳宗元. 答韦中立论师道书·柳宗元集(第三册)[M]. 北京：中华书局，1979. 872.

[2] 柳宗元. 师友箴并序·柳宗元集[M]. 北京：中华书局，1979. 531.

条件有严格的要求，认为必须具有深厚的道德学问，才足以为人师。

柳宗元首先反观自身，认为自己与为人师的标准还有距离，这也是他不愿意为人师的原因之一。同时他通过自己拒绝为师的谦辞婉转地表达了自己的为师标准：

仆道不笃，业甚浅近，环顾其中，未见可师者。虽常好言论，为文章，甚不自是也。不意吾子自京师来蛮夷间，乃幸见取。仆自卜固无取，假令有取，亦不敢为人师。为众人师且不敢，况敢为吾子师乎？[1]

虽是自谦之词，但是却真实而集中地表明了柳宗元对教师学识修养、道德水准方面的严苛要求。在柳宗元的心中，能够称得上为人师者必须是一位饱学之士，同时要有高度的责任感，但凡有求于门下，必得有倾囊相授的精神与能力，应当做到“有长必出之”。因为在柳宗元看来，为人师者只有尽到自己的责任，毫无保留地把自己的知识、学问传授给学生，才算是履行了最根本的教师职责。柳宗元不仅是这样倡导的，更是这么做的。

正是由于柳宗元严格的为师标准，所以他将自己排除在可以为人师表的资格之外，并且用相当的篇幅解释了自己拒为人师的原因。这主客观原因是柳宗元避讳师名的主要动机。其中暗藏的避害心理，却也是人之常情，符合柳宗元自己的实际处境。从中可以看出，由于这几年政治的磨砺和贬谪生活的辛酸，柳宗元为人处世已经相当严谨了。更应该看到，柳宗元力避为师之名，一方面从侧面抨击了当时极力贬低师道的社会风气，另一方面更加体现了柳宗元对教师作用的高度推崇和师道复兴的殷切期望。

（3）“取其实而去其名”，主张交以为师

这是柳宗元师道思想的核心：交以为师，即不建立师生名分，而在平等交往中履行师生之职责。

[1] 柳宗元．答韦中立论师道书·柳宗元集（第三册）[M]．北京：中华书局，1979．871．

柳宗元的确有过许多不以师名而履行指导青年职责的经历：

若曰仆拒千百人，又非也。仆之所拒，拒为师弟子名，而不敢当其礼者也。若言道、讲古、穷文辞以为师，有来问我者，吾岂尝瞋目闭口耶？[1]

往在京都，后学之士到仆门，日或数十人。仆不敢虚其来意，有长必出之，有不至必惎之。虽若是，当时无师弟子之说。[2]

虽然是柳宗元对被人质疑他拒绝为师而进行的申辩和解释，但是可以看出，柳宗元的教育活动确实只愿尽为师之实，而不欲居其名。因为柳宗元认为师生之名不是传道、授业、解惑的前提，教师的任务与作用在于言道、讲古、穷文辞。柳宗元自述凡是关于这三方面的问题来向他请教的，他从来都是倾囊相授，事实上已经具备为师之实。他认为教师肩负着传道的重任，只有在学识、道德、才智方面都能为师表者，方可为人师。

柳宗元也时时回顾自己在京师时指导青年后学的经历，他说，当初在长安的时候，也有许多人慕名而来求道于门下，自己从来没有敷衍塞责或拒绝指导，自己擅长以及对他人有用的总是毫不吝啬，与求学者互相切磋、共同提高，但是并没有建立形式上的师生名分。关于师生关系，柳宗元的主张非常明确：教师与学生应该互相学习，取长补短，师生之间乃师即友、友即师的关系，交以为师，彼此以诚相待。这不仅体现了柳宗元关于师生关系的辩证思想，也含有学术讨论上的平等和民主的因素。

正是因为柳宗元与韩愈一样，将教师的职责与传道联系在一起，因此，他把教师这一身份看得很高，对教师的要求也非常严格。他有感于当时师道不尊，不敢妄为人师以取辱，力避为师之名。由此可见，他之所以力避师之名，是由他所处的政治环境决定的，但是他又时常默默地担负起教师的职责，诚恳地

[1] 柳宗元．答严厚舆秀才论为师道书·柳宗元集（第三册）[M]．北京：中华书局，1979．879．

[2] 柳宗元．报袁君陈秀才避师名书·柳宗元集（第三册）[M]．北京：中华书局，1979．880．

指导着许多后学者。为了弥合这个矛盾，所以他才提出了“交以为师”的主张。倡导以师为友，师友并提，把师生关系变为师友关系。正如：

有取乎，抑其无取乎？吾子幸观焉择焉，有馀以告焉。苟亟来以广是道，子不有得焉，则我得矣，又何以师云尔哉？取其实而去其名，无招越、蜀吠怪，而为外廷所笑，则幸矣！[1]

人需要师与友的真正意义在于能够取人之长，补己之短，互相借鉴学习，这样才相得益彰。柳宗元深知这一点，所以他认为求学问道不在于是否拥有教师之名或者是否有正式的师生名分，关键在于是否能够相互借取、有所收获，只要是能够对他人有所帮助，或者对自己有所增益，也算是体会到为师与求学的真谛了。

《答韦中立论师道书》和《报袁君陈秀才避师名书》是柳宗元最重要的两部教育名著，集中体现了柳宗元的师道主张，包括对尊师重道社会风气的倡导、教师职责与标准的严格要求，以及对教育为现实服务的宗旨的坚持，都体现了柳宗元作为一代教育家深刻的现实关怀，也是他自己教育生涯的真实写照。由于他在教育过程中确实是“有长必出之”，与学生们坦诚相见，并虚心向青年学生学习，因此他的教育是成功的。正如《新唐书·本传》说：“南方为进士者，走数千里从宗元游，经指授者，为文辞皆有法。”

从韩、柳的教育名著中清晰得见，柳宗元与韩愈同样倡导师道，都注重启发诱导后进者。但是不同于韩愈多次亲自从事或直接参与教育教学活动，明确提出以恢复孔子师道为己任，柳宗元则从未直接或间接从事过任何教育工作，甚至再三强调“力避师名”，这其中亦存有不可避免的政治原因。韩愈居显位，因此敢于不顾流俗，抗颜为师，曾任国子祭酒、国子学博士、兴办地方官学，招徒讲学，公开建立师生关系；柳宗元当时则是深受贬谪，时常无端受到政治迫

[1] 柳宗元.答韦中立论师道书·柳宗元集(第三册)[M].北京：中华书局，1979.873-874.

害，若是再公然以教师身份自居，传道授业，会更加遭到政敌的攻击，因此他不愿意公开地建立师生关系，而是选择默默地肩负着教师的责任，诚恳地指导着许多后学者。正如他自己所说，“交以为师”。因此柳宗元虽不担为师之名，其实一直都在坚定地履行着一个教师的职责，虽然没有教师之名，但是他最终成为一代教育家，在中国古代教育史上占有重要地位。

《报崔黯秀才论为文书》《与友人论为文书》导读

（一）名著概览

柳宗元身为古文运动的积极倡导者，在文学创作和文学评论方面都提出过独到的见解。他的文章精美绝伦，为世人所推崇敬仰，因此正如前面所述，当时有许多人向他请教为文的方法或者讨论文学创作。《报崔黯秀才论为文书》和《与友人论为文书》是柳宗元专论文章创作的名著，分别从文章与明道的关系和文章内容的自创性方面提出了要求。柳宗元针对当时社会重骈文轻散文，尚虚浮贬质朴的文风，强调文章重在明圣人之道，真诚的情感与深刻的见解才是好文章的标准。作为古文运动的领导者和重要的推动者，柳宗元不仅创作出了大量优秀的作品，而且以自己比较完整、系统的理论主张指导了当时的古文运动，切实扭转了当时偏重华丽虚浮的骈文而不重视写实散文的文风。对浮靡文风的批判和对拙朴文风的坚持，不仅是柳宗元古文运动的重大历史贡献，同时也是柳宗元的重大教育贡献之一。

《报崔黯秀才论为文书》的写作背景与《答韦中立论师道书》比较相似，也是柳宗元被贬永州时所作。崔黯是唐代卫州人，唐文宗太和二年（公元828年）

中进士，后官至谏议大夫。中进士之前，崔黯曾给柳宗元写信寄文，请他就文辞和书法方面提出意见，加以指导。本文就是柳宗元给崔黯的回信，实际上是一部重要的指导为文、进行文章教学的著作。同时也再一次证实了柳宗元的确是具有丰富的教育实践经验，并且对有志于学的好学青年从来都是给予悉心指导和殷切关怀的。

柳宗元在文章中，开宗明义地申明了为文之道："圣人之言，期以明道"。然后详细论述了"道""辞""书"三者之间的关系。柳宗元指出在文与道的关系中，道是内容，是目的，是主要的；文是形式，是手段，是要服从于道的，而道的作用则要"及乎物而已矣"，就是要作用于社会事物。从这一点看，柳宗元和那些古文运动的同道都反对文章写作空洞无用，反对忽视内容而追求形式的文风。再次强调写文章的根本目的是为了"明道"，进一步倡导并发挥了"文以明道"的思想，深刻批评了那种"好辞工书"的舍本逐末的为文风气。

《与友人论为文书》是柳宗元论述文学创作和文学评论的重要著作。一般认为是作者写于谪居永州时，"友人"便是这一时期结交的文友，姓氏不详。文章开篇柳宗元就结合自己的文章创作经历，得出名篇佳作"得之为难""知之愈难"的观点。指出好文章的难得不在于创作手法不完美、意境开拓不够高远、遣词造句不够工巧或者是文章行文方面的毛病没有克服，而在于创新。柳宗元主张文章的内容要有自己独到的见解，反对盲目崇古信古与相互模仿剽窃。这一主张对唐朝中叶的"古文运动"具有指导意义，对于扭转社会上追求文章的浮华、不切实际的风气，指导当时的青年学子转变虚浮的文风，教导他们追求自创而非假托古人或剽窃，精于文章的创新而非词藻章句是有重要价值的。

(二)教育章句导读

1. “期以明道”的为文宗旨

柳宗元主张为学求知，应致力于明道与行道，做一个具有高尚意志和节操、能济世救民的君子。他认为圣人著书立说，目的都是为了“明道”，阐明修身治世的方法与途径，而后学者读圣人书，其根本目的也应在于“明道”，体悟圣人为学治世的思想精髓，进而将这种思想精髓即圣人之道贯穿到自己的文章之中。这是柳宗元“文以明道”的教育目的在文章教学中的体现。

(1)开宗明义，提出“期以明道”的宗旨

从古文运动的角度来说，当时文学创作最大的障碍是经学章句学和华丽虚浮的骈文两大文风，因此柳宗元在指导青年读书、写作时，要求他们也都要以“明道”作为首要的宗旨，全面革新书面语言，改造文章体裁，用新鲜活泼的散文代替僵硬呆板又空疏无用的骈文。柳宗元在文中开宗明义，提出其文章教学的宗旨“期以明道”：

辱书及文章，辞意良高，所向慕不凡近，诚有意乎圣人之言。然圣人之言，期以明道，学者务求诸道而遗其辞。[1]

柳宗元虽然肯定了崔黯的文章文辞优美，意境高远，言辞中不乏向往圣人之言的理想高度，但是同时也诚恳地提醒崔黯，圣人之言的根本不在文辞的表达和立意的高远，圣人教人，在于明道，因此作文著书，不着意于词藻和声韵等外在的形式上，而应该更多地关注内在的精神实质。写文章与为人修身一样，君子以道作为修身之要务，这是君子之所以能安身立命的内在气质，文章得以流传后世而经久不衰也在于其内在的气质——“道”，而非文辞。因此柳宗元在下

[1] 柳宗元．报崔黯秀才论为文书·柳宗元集(第三册)[M]．北京：中华书局，1979．886．

文中详细阐释了“文”与“道”相依并重的关系。

(2)条分缕析，阐述“文”与“道”的关系

首先，柳宗元认为文辞以文字的形式而得以展现，圣人之道借由文辞而传于后世，同时又都以“明道”为第一要务：

辞之传于世者，必由于书。道假辞而明，辞假书而传，要之，之道而已耳。[1]

在柳宗元看来文章的三大要素：文辞、文字、明道之间的关系是相辅相成的。毋庸置疑，圣人之道要借助于文辞才能阐述明白，而文辞要借助于文字书写才能流传于世，文辞、文字、明道三者之间是相依相存的关系。柳宗元继而提出为文的核心宗旨：一切都要归结于阐明圣人之道，因此，柳宗元认为文辞、文字、明道既相依、相存，又要以道为核心。

以圣人之道作为文章的精髓，以阐明圣人之道作为写文章的宗旨，是柳宗元最突出的教育思想，在柳宗元看来，圣人之道在修身处世方面对读书人最大的益处是教导他们当以德行修养为本，而德行中以真诚最为重要，因此写文章时也应该秉持同样的信念，切忌虚浮夸耀，应以领悟和表达圣人的精神与思想精髓为最终目的。因此柳宗元要求青年人在读书习文中一方面要能领会圣人的著述言辞中所传递的道，另一方面，自己写文章、做诗赋也要给读者与后人传递一种道。那些只是单纯地追求华丽的文笔而没有“道”作为精神内核的文章，是起不到教育人的作用的，同时也经不起岁月和实践的检验，更不可能流传于后世。

其次，明确提出圣人之道的作用是“及乎物而已”：

道之及，及乎物而已耳，斯道取之内者也。[2]

柳宗元不仅倡导文章要关注思想意识层面的道的阐明与发扬，还指出道

[1] 柳宗元. 报崔黯秀才论为文书·柳宗元集(第三册)[M]. 北京：中华书局，1979. 886.
[2] 柳宗元. 报崔黯秀才论为文书·柳宗元集(第三册)[M]. 北京：中华书局，1979. 886.

的现实依据和根本作用：对现实社会事物的影响与关注。柳宗元认为这是“圣人之道”的本质。圣人著书立说在于“明道”，后学者读书的目的也是为了明道，前者是阐明道的实质，后者是明晓道的要义，在“明道”的基础上要能“行道”。清初著名学者顾炎武在其著作《日知录》中就有专门以“文须有益于天下”为题的文章，指出文章不能在天地之间断绝，因为它可以阐明道理、记述政事、体察百姓困苦，有益于天下，有益于历史传承。

柳宗元的教育思想总是以社会现实为出发点，重在培养关注现实、以济世安民为己任的君子。因此柳宗元在进行文章教学中也以此为目标，要求做文章者要心怀社稷，有一种关注社会现实的情怀，只有这样，文章才能自然流露出对现实的深刻反思和对国家民生的关切。从这个角度出发，柳宗元强调“道”的作用在于对社会事物的关注、改造与创新，充分体现了柳宗元以社会改造为己任的思想。柳宗元不仅对文章在圣人之道的传扬方面提出极高的要求，同时还规定了“道”的内在本质。不是盲目吸收尧、舜、周公以及孔子的文武之道，而是立足于当时唐朝的社会现实，要求治学者能够创作出反映关注国家治乱以及百姓生活的、有益于佐世的文章。柳宗元自己在这方面的贡献也是非常突出的，他创作了相当多宣扬圣人之道、揭露黑暗社会现实、反映封建统治下劳动人民痛苦生活的优秀作品，比如著名的《捕蛇者说》等。柳宗元“文以明道”的思想与实践不仅为扭转形式主义的“古文运动”增添了浓重的一笔，同时对指导热心功名的读书青年进行文章写作具有深刻的意义。

最后，柳宗元指出时人多以擅长词藻为佳的不良文风，将之讽为“病癖”，并以自己的为文经历劝诫后学者，重申“期以明道”的文章教学宗旨：

今世因贵辞而矜书，粉泽以为工，遒密以为能，不亦外乎？吾子之所言道，匪辞而书，其所望于仆，亦匪辞而书，是不亦去及物之道愈以远乎？…凡人好辞工书者，皆病癖也。

观吾子文章，自秀士可通圣人之说。今吾子求于道也外，…是其可惜欤！吾且不言，是负吾子数千里不弃朽废者之意，故复云尔也。[1]

柳宗元首先针对当时盛行的偏重华丽词藻和讲究声韵和谐的文风，给予了严厉的批评。他作为一个长期致力于古文运动改革和文章创作改革的先驱，清楚地看到当时人们在创作和欣赏文章时都倾向于注重修饰词藻，夸耀俊逸的书法，以写字的笔画刚劲有力、间架结构紧密为才能。柳宗元深刻地认识到这种虚浮文风的危害，因此大声疾呼，将之称作一种需加以根治的“病癖”，可谓一针见血。

基于此，柳宗元婉转地批评了崔黯所崇尚的以文辞与书法为尊的所谓“文道”，一方面，实事求是地肯定了崔黯作为优秀的青年学生，在文章方面的确有通圣人之言的优长；另一方面则明确地指出崔黯对于文道的理解有着严重的偏差，以追求文辞和书法作为行文标准而忽略了文章的精神实质，告诫他这种脱离社会实际的文道只会使自己离圣人之道更加遥远。继而又以自己一生的创作经历为例子，鼓励后学者无论在什么情况下都应坚持对文道的追求：

仆尝学圣人之道，身虽穷，志求之不已，庶几可以语于古。[2]

柳宗元的一生时刻以阐明和发扬圣人之道为目的，即使在十年贬谪生涯中，屡次遭受政治上的无端迫害，生活窘困不如意的情况下，也从来没有放弃过对“道”的秉持和传扬。在政治上，他主张以德安民，把希望寄托在自上而下的德政和提高官吏的素质上。在教育上，他强调培养能够为国家社会所用，能够爱民济世以行圣人之道的君子。这一主张确实鼓励了一大批有志于学的青年。

2.“得之为难，知之愈难”的文学创作

《与友人论为文书》并非是在论述写作文章之艰苦，而是论述在文学创作

[1] 柳宗元.报崔黯秀才论为文书·柳宗元集（第三册）[M].北京：中华书局，1989.886.

[2] 柳宗元.报崔黯秀才论为文书·柳宗元集（第三册）[M].北京：中华书局，1989.886.

与文学评论方面的流弊和恶劣习俗，从而提出指导与改革建议。

(1)总论好文章难得的原因——“得之为难，知之愈难”

柳宗元开门见山地指出了好文章不多见的原因，尖锐地指出当时文学创作和文学评论存在的严重弊端，深刻而犀利：

古今号文章为难，足下知其所以难乎？非谓比兴之不足，恢拓之不远，钻砺之不工，颇颣之不除也。得之为难，知之愈难耳。[1]

柳宗元认为，写好文章是一件难事已经成为人们的共识，但是到底难在哪里，大家的认识未必正确。事实上，并不是大部分人所认为的写作运用的表现手法不完善，或者文章的意境不够高远，亦或者遣词造句不够精巧，更不是文章中尚存一些文理不通的毛病。其实质原因在于，写文章是要形成具有实质内涵的独到见解。这对一般的文人来说是很困难的，尤其是在当时文风不正的社会风气之下，这样见解独到、抒发真情实感的文章想要被人认同就更困难了。所以古今之人都有同感，流传于世的好文章太难得。

文中，为了鼓励原创性、真实性的行文风格，柳宗元将有独立见解与新意，只在形式与词藻上存在些许瑕疵的文章比喻成“日月之蚀”“大圭之瑕”：

苟或得其高朗，探其深赜，虽有芜败，则为日月之蚀也、大圭之瑕也，曷足伤其明、黜其宝哉？[2]

柳宗元说，只要文章能够抒发某种高明的见解，探求到某种精深奥妙的道理，即使有些许芜杂败笔之处，也只是像日月有所亏蚀、宝玉偶有瑕疵一样，那些小缺陷完全不足以损伤日月的光明、降低宝玉的珍贵。柳宗元意在以此来鼓励潜心为文者以现实为创作蓝本，以真情实感为表述内容，以创新与真实作为文章的双轮，从而创作出真正的好文章。

[1] 柳宗元. 与友人论为文书·柳宗元集(第三册)[M]. 北京：中华书局，1989. 829.

[2] 柳宗元. 与友人论为文书·柳宗元集(第三册)[M]. 北京：中华书局，1979. 829.

其实在柳宗元等掀起古文运动之时，中唐的文风已经严重衰颓，内容空疏无用，形式单一，文学创作多抄袭、模仿，流行的文体多以无病呻吟的骈文为主，难有创新，而文学评论更是诟病良多，且人们素有“荣古陋今”的不良习俗，也很难将一些真正有见地的优秀作品挑选出来以供人们传阅。柳宗元和韩愈等古文运动的倡导者对这一现象极为愤慨和忧虑，呼吁文学创作贵在创新，严厉抨击当时抄袭仿古的陈规陋习。

(2)分述文章创作之难——“得之难”

柳宗元在总论了佳作难得的原因是文学创作与文学评论存在问题之后，又分别深入、透彻地阐述了文学创作与文学评论方面存在的问题及其原因。首先是“得之难”，即文学创作这一过程的问题：

且自孔氏以来，兹道大阐。家修人励、刓精竭虑者，几千年矣。其间耗费简札、役用心神者，其可数乎？登文章之箓，波及后代，越不过数十人耳。其馀谁不欲争裂绮绣，互攀日月，高视于万物之中，雄峙于百代之下乎。率皆纵臾而不克，踯躅而不进，力蹙势穷，吞志而没。故曰得之为难。[1]

意思是说，自孔子以来，天下为文之道大开，形成了家家修业、人人自励、穷思竭虑的社会风气，这种现状一直延续了近千年。但是在这段时间里，人们的精神面貌逐渐消颓，文坛的情况亦是一样，著述撰文的不可胜数，耗费的笔墨和心力不可谓不多，但是能够荣耀地登上文坛，或者在文坛享有盛名载入史册，同时对后世产生深远影响的人不超过寥寥数十人。平心而论，为文者有谁不想争着把文章写得漂亮如罗绮锦绣一般，互相攀登着文坛高峰欲与日月争辉，从而引领时代风潮，昂首傲睨于古今文坛？但是他们虽然竭尽全力，结果或徘徊不前，或精疲力尽以致情势困难，或志向被磨灭，都是失败而归，至死也没有实现愿望。所以说为文者想要创作出惊世的好文章确实很难。

[1] 柳宗元．与友人论为文书·柳宗元集（第三册）[M]．北京：中华书局，1979．829．

柳宗元指出，好文章难得，不是因为文坛缺乏致力于文章写作的人，也不是人们不重视文章创作，而在于文章创作者怀有不良的创作心理。对于自己而言，不是为了表情达意和交流思想感情，而是为了踏足文坛，争名逐利；对于社会而言，不是为了宣扬圣人之道以正人心，而是为了迎合统治者和旧有的风尚。在柳宗元看来，自圣人以下，后学者在写作文章时主观目的严重偏离“文以明道”这一宗旨，其原因在于，一方面是封建专制的社会现实使得文人的思想被钳制，思想源泉枯竭，另一方面许多人为了名利与地位，不惜屈服于权威之下，专门舞文弄墨，写出一些歌功颂德、阿谀逢迎的应酬文章，因此好文章自然就很难被创作出来。

(3) 分述文学评论之难——“知之难”

柳宗元同时以辩证的眼光明确地认识到，好的文学作品的出现不仅仅只有文学创作这一环节，另一重要环节是文学评论。人们在鉴赏品评文章时采取何种标准、遵循何种原则直接决定好文章是否能流传于世。因此柳宗元紧接着从文学评论的角度对好文章难得的问题进行了深刻的论述，并严厉批评了当时人们在评论与甄选文章时曲意逢迎以及偏离公正的陋习：

道之显晦，幸不幸系焉；谈之辩讷，升降系焉；鉴之颇正，好恶系焉；交之广狭，屈伸系焉。则彼卓然自得以奋其间者，合乎否乎？是未可知也。而又荣古虐今者，比肩迭迹。大抵生则不遇，死而垂声者众焉。扬雄没而《法言》大兴，马迁生而《史记》未振。彼之二才，且犹若是，况乎未甚闻著者哉！固有文不传于后祀，声遂绝于天下者矣。故曰知之愈难。[1]

意思是，在当时的社会，一个人倡导的思想主张能否显行于世，和他命运的好坏相联系；一个人的言谈是否有说服力，和他的地位高低相关；在评价他人的文章之时，鉴别评价中是片面还是客观全面与评价者的个人喜恶相联系；

[1] 柳宗元. 与友人论为文书·柳宗元集（第三册）[M]. 北京：中华书局，1979. 829.

一个人交友的广泛与狭隘，与他仕途得志不得志相联系。整个社会的风气如此，文学评论的风气也是一样。柳宗元意识到当时文坛评论的现实是尊崇古代作家而鄙薄当今，这样的人可谓摩肩接踵，人们在品评遴选好文章时不注重现实，宁愿等到历史尘埃落定之后再去追溯已故作家的文章，所以历史上这样的例子不可谓不多，空有出众的才华和卓越的见解，大都生前怀才不遇，死后才名扬于世。柳宗元列举了两位典型代表：西汉文学家扬雄和史学家司马迁。扬雄死后他的著作《法言》才流传于世，被世人所推崇；司马迁的《史记》在后世备受人们的青睐，给予了非常高的评价，但是司马迁在世时却享受不到这份殊荣。这两个都是后世证明具有绝世才学的人，他们的命运尚且如此，更何况那些原本不太闻名的人呢？

柳宗元因此联想到在当时的文坛必定也会有这样的“冤案”，他们的文章未必就没有可取之处，可是由于世俗“荣古虐今”的心理，使得许多好文章不能流传于后世，名声因此被社会所埋没。文人主观创作心理的偏差使得好文章“得之为难”，而人们评价标准的偏差使文章“知之愈难”。柳宗元在这里指出了两种文学评论方面的偏差：其一是人们对于文章的评判，大多以个人主观偏好和社会主流意识作为评价标准。因此，柳宗元说即使是那些具有独到见解并在文坛上有所作为的人，他们的文章是否能完全符合人们的口味，还是难以预料的。其二是人们大都怀有“荣古虐今”的不良心态。

(4)首尾呼应，着重论述文章创作之难——“得之难”

虽然柳宗元认为创作与评价是好文章得以面世的两个必不可少的环节，二者是一个不可分割的有机整体，任何一方面存在严重不足，都导致好文章“难得”，但是柳宗元又着重批评了写文著述者在创作阶段普遍存在的严重弊病，即抄袭仿古、华而不实：

而为文之士，亦多渔猎前作，戕贼文史，抉其意，抽其华，置齿牙间，遇事蜂起，金声玉耀，诳聋瞽之人，徼一时之声。虽终沦弃，而其夺朱乱雅，为害已甚。是其所以难也。[1]

与文章开头相呼应，柳宗元认为，好文章难得的根本原因在于写文章的人而非评论之风。如为文者喜欢剽窃前人的作品，割断古代文史一以贯之的文意，断章取义，从中摘抄词藻章句，伪装成自己的东西四处夸耀，盲目追随社会的舆论导向，蜂拥而起写一些华而不实的文章以应景，欺骗那些见识浅薄的人，博取一时的名誉财富。虽然最终他们难免被淹没和唾弃，但那种以假乱真的做法却在社会上造成了严重的后果，既损害了文坛的创作之风，又误导了社会文学评论的标准，这才是造成"得之难"与"知之难"的根本原因。柳宗元揭露了当时文坛上盛行的模仿、剽窃的不良风气，对墨守成规的人给予了尖锐的批评。柳宗元认为，文学评论存在的不良之风固然会妨碍好文章的流传，但是毕竟文章的创作才是最根本的源头，因此他最终还是将文章教学的核心放在文章创作的环节上。因而柳宗元十分注重文章指导，致力于文章教学，意在扭转青年由于不良的社会文风所产生的错误思想，从而从源头上解决文章的质量问题。

综观柳宗元这两部关于文章教学的名著可以看出，柳宗元首先从教育宗旨方面提出了要求，即他的文章教学思想中一以贯之的"文以明道"的主张。以此为依据教导学者，治学的目的在于读圣人之书，明圣人之道。继而在对文章内容的遴选、文章创作与文学评论的宗旨以及标准等方面都进行了详尽的论述，集中体现了他以文学著作作为宣传教育的途径与工具，以圣人之言作为主要的教育内容的教育实践经历。也就是说，在柳宗元的教育思想中，最核心的主张是读圣贤书的目的不在于背诵经文，阐说义理，而在于领会、运用圣人之道来指导现实，解决社会现实问题。正因为如此，他才极力劝诫读书人治学为文应该摒弃时人注重形式、追求词藻、追逐名利的俗陋文风。他的这一治学主张，显

[1] 柳宗元．与友人论为文书·柳宗元集（第三册）[M]．北京：中华书局，1979．829-830．

然是他积极用世的世界观及其“生人之意”的政治观在教育思想上的体现，是非常可贵的。